文壇バー風紋青春記

何歳からでも読める太宰治

南田偵一

未知谷
Publisher Michitani

はじめに　太宰治は青年だけの文学じゃない！

文壇バー「風紋」、ご存じだろうか。二〇一八（平成三十）年六月、惜しまれつつ〝閉幕〟。東京・新宿にあった。風紋は一九六一（昭和三十六）年に開店し、多くの文学者、美術関係者、出版人が訪れたことで知られていた。

風紋を経営していたのはママの林聖子さん。残念ながら、二〇二二（令和四）年二月二十三日、老衰のため亡くなられた。享年九十三。

今回、この本を出そうと思ったのは、聖子さんが亡くなられたことが一つのきっかけである。僕自身、二十代前半から風紋に通うようになり、閉幕の際にはいろいろ苦心した。

聖子さんについては、第二部で改めて触れるが、ここで簡単に紹介しておく。太宰治ファンにはよく知られているが、聖子さんは太宰の短篇小説「メリイクリスマス」（『中央公論』一九四七年一月号）の登場人物「シヅエ子」のモデルとなった女性だ。母・秋田富子さんは太宰の友人のような存在で、母娘ともに太宰と親交を深めていた。

この本の軸は、なんといっても太宰治だ。そして、僕自身の軸も太宰治になりつつある。太宰がいたからこそ風紋に行くことになったし、聖子さんにも会えた。自分で出版社を起こすことにもなった。それに、本書をこうして書くことにもなった。


太宰治は晩年、東京・三鷹で暮らし、一九四八（昭和二十三）年六月十三日未明、愛人の山崎富栄と玉川上水に入水し、十九日、遺体が揚がる。よく知られているように太宰は若い頃、何度も自殺未遂を繰り返していたので、ああ遂に、という印象もあるだろう。ただ、晩年の太宰は小説家として絶頂ともいえる時期。「グッド・バイ」という小説を朝日新聞に連載している途中だった。

太宰文学で最も有名な「人間失格」も連載中、太宰を支えた古田晁《あきら》が社主を務める筑摩書房から発行されていた雑誌『展望』で、連載が始まったのが一九四八年六月号から。「人間失格」は当時も多くの若者に読まれ、現在に至る。新潮文庫の部数ランキングでは二位に入るほどだ。

ただ、「人間失格」は若い頃に読む人が多く、年を重ねてから読むという人はあまり多くないのではないだろうか。読んでみて、「あ、太宰好き！」「うわ、太宰嫌い！」となった人が多いような気がする。それだけ影響力のある小説といえる。「人間失格」から太宰文学にはまり込んだ人は、彼の作品をすべて読んだことだろう。中には「太宰を卒業した」という人もいる。

第一部で触れるが、太宰文学は「青春のはしか」と言われることがある。若いときにかぶれる。大人になったら読まない。だいたいそういう意味だ。

反対に「人間失格」にアレルギー反応を示し、大人になってから（四十代以降）、ふとしたきっかけで太宰の小説に触れ、「あれ、思ったより読めるじゃないか」と見直し、太宰文学を読み続ける人もいる。

では、そういう人たちは、太宰文学の何に惹かれ、具体的に何を読むのだろうか。

だいたいこのようなことを本書では紐解いていく。難しい話はしない。太宰文学ガイドブックというほどでもないが、本書では、太宰文学のどの作品がどの年代で読むといいのか、など独断で分類している。

また、冒頭に触れた「風紋」の林聖子さんの僕なりの思い出というものも、第二部に書いていく。太宰文学が好きな人にも嫌いな人にも読んでいただけると幸いである。

文壇バー風紋青春記　目次

はじめに　**太宰治は青年だけの文学じゃない！**　1

第一部　**太宰文学は何歳からでも読める**　13

1　「人間失格」という劇薬　13
2　青春のはしか、太宰からの卒業　14
3　太宰より年長になってしまった　15
4　太宰の友人作家たちは卒業生？　16
5　四十代以降、太宰文学に惹かれることはあるのか　18
6　太宰治はどういう人生を歩んだのか　19
7　年代別、太宰治文学作品リスト　20

10代におすすめの太宰作品　21

8　十代にはやはり「人間失格」　25
9　「人間失格」は十代以降でも読める　28
10　「走れメロス」「女生徒」「葉桜と魔笛」も十代におすすめ　29
11　美しい未来に生きる青年へ　「正義と微笑」「パンドラの匣」　31
12　自意識過剰な十代　「ダス・ゲマイネ」　32

20代におすすめの太宰作品　34

13　恋愛が濃ゆくなる二十代だからこそ、おすすめ　37

14 恋愛の終わりを告げる「姥捨」 38
15 「人間失格」に次ぐ代表作「斜陽」 39
30代におすすめの太宰作品 41
16 酸いも甘いも知り始めた三十代には「富嶽百景」「ヴィヨンの妻」 43
17 転職や起業、人生の岐路に立ったとき「きりぎりす」「トカトントン」 45
40代におすすめの太宰作品 46
18 四十代、人生の折り返しだからこそ読む太宰治 54
19 社会のからくりがわかってくる四十代「冬の花火」 57
20 自分も大人になったからこそ「メリイクリスマス」 59
21 家庭を正面から見据える「桜桃」「家庭の幸福」 60
50代におすすめの太宰作品 62
22 五十代におすすめなのは渋い中篇作品 65
23 太宰の真骨頂・饒舌体の極み「駈込み訴え」 70
60代におすすめの太宰作品 71
24 過去を振り返り始める六十代におすすめ「東京八景」「十五年間」「津軽」 74
25 重くない、ユーモアがいいという六十代「黄村先生」シリーズ 76
70代以降におすすめの太宰作品 77
26 七十代以降には掌篇作品がおすすめ 80

27　幼少期の思い出は忘れない　「思ひ出」「魚服記」　81
28　未来の太宰読者はいるのか　83
29　共感の有無は文学の質の良し悪しには関係ない　85
30　皆が持っている「私の太宰治」　87
31　愛されるより仕方ない太宰治　89

第二部　**文壇バー風紋青春記**　95

1　風紋はまだ存在していた！　95
2　太宰さんは私に死なないよ、と言ったの　97
3　風紋開店四十年パーティー　99
4　君はいつか風紋のことを書くんだぞ　108
5　啼鳥忌に紛れ込んだのは聖子さんの企み？　113
6　ムキになって朝まで麻雀　119
7　出版記念パーティーに参加　127
8　大人の表と裏の顔を知る　131
9　小説を持ってきなさい　133
10　小説仲間と葉山へ　136

11 舞踏を観に行く 141
12 風紋青森旅行へ 142
13 風紋句会誕生も、徐々に…… 158
14 年の差の離れた不思議な交流 164
15 風紋で会った印象的な人々 167
16 君は君のままだから 180
17 編プロから出版社、そして独立 191
18 もうこのまま会わないでおこう 松本哉さんの死 203
19 風紋再訪、粕谷さんとの再会 206
20 自分のメディアを持つ 212
21 風紋開店五十年記念パーティーにて 215
22 母・富子はやっぱり太宰さんが…… 219
23 『風紋五十年』出版記念パーティー 236
24 粕谷一希さん逝去 239
25 風紋で結婚パーティー 241
26 年々変化する桜桃忌 244
27 いたずら好きの〝少女〟二人 246
28 敷居が高くなってしまった風紋 248

29　二〇一八年六月閉幕　250
30　風紋閉幕を受け入れる時間　257
31　林聖子さんの死　258
32　聖子さんの遺品整理　261
巻末付録　**秋田富子詠短歌75首**　265
おわりに　278
参考文献　280

文壇バー風紋青春記

何歳からでも読める太宰治

第一部　太宰文学は何歳からでも読める

1　「人間失格」という劇薬

太宰治というと、一般的に「人間失格」の著者、何度も自殺未遂している、女好き、女性と入水自殺を遂げたといったイメージが強い。

どれも当たっている。「女好き」というのは主観的な言葉だが、結果として「女好き」と思われても仕方ない。「人間失格」はタイトルからして強烈だ。内容も暗いと言えば暗い。総じて太宰の第一印象は「暗い」ということに尽きる。

僕は太宰が好きだから、基本的に太宰の嫌いなところはない。そもそも太宰のことは小説を通して、あるいは周辺の編集者や作家仲間の太宰関連本でしか触れようがない。小説が好きである以上、太宰を嫌いになりようがないのだ。別に女好きだろうが、女性と入水自殺していようと構わない、極論をいえば。

太宰のことが嫌いな人は往々にして、太宰の印象が嫌いなのであって、太宰の小説が嫌いなわけではないような気がする。確かに「人間失格」を受け付けない人は多いだろう。かたや、太宰は「走れメロス」の著者でもある。僕らの時代の国語教科書には「走れメロス」が載っていた（今も載っているらしい）。「人間失格」は載っていなかったけれど、同じ人が書いたのかというほど、印象が異なる。「走れメロス」は単純に暗くはない。友情物語だ（「人間失格」も友情物語ともいえる）。

何も太宰だけの話ではないが、一人の小説家が生涯同じような小説ばかり書いていたかというと、そうでもない。川端康成、谷崎潤一郎、太宰が敬愛した芥川龍之介にしたって、同じテイストの小説ばかり書いたわけではない。当然「伊豆の踊子」が好きだけれど「禽獣」は嫌いという人もいる。

だが、太宰の場合、あまりにも「人間失格」のイメージが強すぎてしまう。一度苦手になってしまうと、他の作品に手が伸びにくい。パクチーが苦手で、タイ料理など東南アジアの料理に一切手が伸びない人と似ている。劇薬は時に人を魅了し、時に人を遠ざける。

2　青春のはしか、太宰からの卒業

太宰の小説を好んでいた人の中に、「太宰を卒業」したという言い方をする人がいる。若い頃、太宰文学にかぶれたことを「青春のはしか」というのだが、似たニュアンスではある。

「昔は太宰をよく読みました。今はミステリーや時代小説が好きです」

実際、こういう人は多い。なぜなのだろうか。おそらく、太宰の小説の中には青春時代の自意識や感傷を描いたものが多いからだろう。それらに触れると、妙にこっぱずかしくなる。

似た話かわからないけど、こんな気分に似ている。三十代くらいになり、親戚たちと会う。中には幼少期に会って以来、久しぶりの親戚もいるだろう。

「あら、すっかり大人になって。中学生のときは、いつもぶすっとして、髪の毛ばっかりいじってたのに」

「立派になってきたなあ。ガキの頃は鼻ばっかりほじってたのに」

こういう自分では忘れていた、あるいは忘れたい記憶を呼び起こされるときがある。顔が真っ赤になったり苦笑いになったり。誰もが経験することだろう。

それに似ている。太宰文学は、自分に跳ね返ってくるのだ。もう自分は社会に出て、青春時代の苦悩や自意識過剰から解放されている。そういう感傷に浸ることもない。だから太宰文学が鬱陶しい。あの頃はあんなに太宰文学にかぶれていたのに、今はどうだ。恥ずかしいし顔を背けたくなる。ああ、太宰を卒業したんだな、俺は、私は、ということになる。

3　太宰より年長になってしまった

太宰から卒業する理由は、別の観点からも考察できる。太宰は一九四八（昭和二十三）年六月十三日未明、愛人の山崎富栄とともに三鷹の玉川上水に入水した。同月十九日に二人の遺体が引き揚げられた。その日は太宰の誕生日でもあった。太宰、享年三十八。当時から見ても、三十八歳で亡くなるのは早い。太宰の作家人生は二十年もなかったことになる。

僕自身の体験でもあるのだが、太宰の没年齢と同い年になったとき、感慨深いものがあった。これから太宰は〝年下〟になっていく。太宰文学をどう読んでいくんだろう。太宰〝さん〟が太宰〝くん〟になってゆく。

本当ならば、こちらが太宰を時の狭間に置き去りにしているのに、なぜか置き去りにされてしまったような疎外感を味わう。太宰はいつも若い人に寄り添ってくれる。四十代以降の人間には顔を向けてくれない。拗ねてしまう。太宰は決して共に年を重ね、歩み、作品を書き続けてはくれない。そればかりか、もう新作は誕生しえないのだ。ひょっとして、自分も太宰を卒業してしまうのかもしれない。恐れた。そう、確かに恐れだった。僕は卒業生になりたくなかったからだ。

この気持ちはいろいろな説明ができる。生涯、青春時代でありたいという願い。太宰文学を理解できない大人になりたくないという願い。太宰を軽蔑する大人になることは、若い人を受け入れないことになるのではないかという恐れ。無神経な人間になってしまうのではないかという恐れ。キリがない。太宰文学は、僕にとってリトマス試験紙ともいえる。定期的に試す、緊張感をもって。

かたや、いいじゃないか、卒業したって。その方が楽じゃないかと、思わないこともない。実際、僕は何も太宰文学以外は読まないわけではないし、若い頃も今も同じなのだから。何をそんなに白黒つけようとするのだろう、と。

結論をいうと、四十三歳の僕はまだ太宰を卒業していない。

4　太宰の友人作家たちは卒業生？

少し話をそらす。太宰治には何人かの友人作家がいた。師匠筋でいうと佐藤春夫や井伏鱒二。彼らは年長であるから友人とはいわない。年齢が比較的近く、太宰ファンの間で知られているのは檀一雄と山岸外史《がいし》だろう。

檀は日本近代文学を読む人なら知っている作家。「火宅の人」で有名だが、女優・檀ふみの父親としても知られている。直木賞を受賞しているし、有名作家といえる。山岸は太宰ファン以外だと、あまり知られていないだろう。文芸評論家というのが適切なのか。二人は太宰の若い頃、旅に出たりよく飲んだりと、正に青春時代を謳歌した友人だ。しかし晩年、二人はほとんど太宰と会っていなかった。

太宰の死後、二人は興味深い書籍を刊行しており、これらは太宰研究者やファンの間で広く読まれ続けている。いわば太宰評伝の代表作。檀のタイトルが『小説 太宰治』、山岸の方が『人間 太宰治』。皮肉なもので、タイトルは逆なんじゃないか、といわれる内容になっている。

実際、檀や山岸などは、卒業生だったのではないかと思う。太宰との距離を置いたのは、それぞれに事情があったのだろうが、彼らの太宰評伝を読む限り、そう感じることがある。太宰の小説家としてのデビューに奔走した檀は、太宰の晩年、ほとんど疎遠になっていた。

「私と太宰の生涯の構想は、随分とずれてきてしまっている」（『小説 太宰治』）

太宰と長らく絶交関係にあった山岸は『人間 太宰治』によれば、太宰が亡くなる四ヶ月前に四年ぶりに再会している。二人は太宰の生前から、太宰を卒業しつつあったのかもしれない。

太宰の死後、二人は太宰を再評価しているが、あのとき太宰が死んでいなければ、改めて作品を読み直すことはなかったかもしれない。山岸は太宰の死後七年経ってから「津軽」を初めて読み、「こういう作品こそ、傑作というものだ」（前掲書）と述べている。

同時代の彼らでさえ、そうなのだ。いや、むしろ同時代を生きたからこそ、実際の太宰と接触があったからこそそなのかもしれない。

5　四十代以降、太宰文学に惹かれることはあるのか

話を戻そう。四十三歳になった僕は、まだ太宰治を卒業していないという話。

太宰を一度卒業し、六十代くらいになり太宰を改めて読む人もいる。ずっと太宰を避け続け、「あれ？　結構太宰っておもしろいじゃないか。女の話ばかりじゃないのか」と、遅まきながら読み始める人もいる。

こういう人たちは、具体的に太宰の何という小説を読んでいるのか。先に結論をいえば「新釈諸国噺」「お伽草紙」「津軽」などではないだろうか。実際、僕の場合、これらの作品の魅力に気づいたのは四十代以降ではないにしろ、三十代だった。

これらの作品がどういう内容なのかは後述するが、簡単に触れておく。「新釈諸国噺」は江戸文学の巨匠・井原西鶴へのオマージュ作品といえる。西鶴の原典を太宰なりに解釈して、さらなる文学作品に仕上げている。「お伽草紙」も「新釈諸国噺」と手法は似ている。昔話の「かちかち山」や「浦島太郎」などを太宰なりに解釈し、小説にしている。「津軽」は太宰の故郷を巡った紀行文のような内容になっており、クライマックスはお涙ものだ。

これらの作品に青春や自意識過剰がまったく含まれていないかというとゼロではないが、どちらかというと太宰のユーモアが光る作品である。加えて、太宰のアレンジ力というのか。実は太宰の真骨頂は

これらに含まれているといってもいい。

こういった太宰文学であれば、若い人ではなくとも十分楽しむことができる。

6　太宰治はどういう人生を歩んだのか

太宰治の人生を知らない、という人もいるだろう。ここで、簡単に振り返ってみる。

一九〇九（明治四十二）年六月十九日、青森県の現五所川原市金木に生まれる。本名は津島修治。父源右衛門、母たね、十一人きょうだいの第十子六男だ。

源右衛門は貴族院議員を務めた地元の名士で、簡単にいえば生家は裕福であった。実質的な長兄・文治はのちに青森県知事となり、以後、太宰の親族は国会議員を務めるなどして現在に至る。

太宰は青森中学、弘前高校時代より小説を書き始めていた。一九二九（昭和四）年、太宰は一度目の自殺を図るが未遂。翌年、東京帝国大学文学部に入学する。同年九月、故郷より小山初代が上京、共に暮らすようになる。さらに同年十一月に銀座のクラブのホステスだった田辺シメ子（あつみ）と、鎌倉・腰越で自殺を図り、シメ子だけが亡くなってしまう。

一九三三（昭和八）年、「列車」を『サンデー東奥』に発表、これが太宰治名義のデビュー作と言われている。芥川賞問題などののち、一九三六（昭和十一）年より薬物中毒治療により入院。翌年、群馬・谷川岳にて初代と自殺を図るが未遂、離別。

一九三八（昭和十三）年、山梨・甲府にて、石原美知子とお見合い、翌年結婚する。同年七月より東京・三鷹に居住（その間、転々としている）。以後、園子、正樹、里子（のちの作家・津島佑子）が生まれる（一九四七年には、太田静子との間に治子〈のちに作家〉が誕生）。

一九四五（昭和二十）年七月、戦争疎開により甲府から故郷・金木へ。翌年十一月、疎開先より三鷹へ戻る。以後、亡くなるまで三鷹に居住。

一九四七（昭和二十二）年、代表作「斜陽」を発表、この頃より流行作家となっていく。翌年、「人間失格」を発表。同年六月十二日、筑摩書房社長・古田晁に会うため、埼玉・大宮へ向かうも不在。十三日未明、山崎富栄と玉川上水に入水。十九日、二人の遺体が揚がる。享年三十八。

7　年代別、太宰治文学作品リスト

ここから僕が分類した年代別、太宰文学作品おすすめリストを挙げていこう。あらかじめ断っておくが、あくまで僕の主観だ（そもそも本書は僕が書いているのだから断るまでもないけれど）。賛否両論、様々な意見があるだろう。どうぞご自身でもリスト化してみてほしい。

ご留意いただきたいのは、エッセイや雑文と思われるものは除外している。例えば、第一回芥川賞選考の際の川端康成の太宰に対する評「作者目下の生活に厭な雲ありて」への反論「川端康成へ」（「刺す。そうも思った。大悪党だと思った。」と太宰は書いている）は、小説とは言えないのでリストから外している。また、太宰が「太宰治」名義で発表していない習作（高校時代の小説など）はリストに載せている。例えば「虚勢」「角力」「将軍」などが該当する。

10代におすすめの太宰作品（作品名、発表媒体、発表年の順。以下同）

虚勢『星座』一九二五（大正一四）年

夫婦子二人の家庭シーンを描いた戯曲。盲目の長男について苦悩する夫婦、医者に診せ目が見えるようになるが……

角力『校友会誌』一九二五（大正一四）年

兄との相撲で勝ってしまった弟・誠二の苦悩が描かれた掌篇。

犠牲『蜃気楼』創刊号／一九二五（大正一四）年

「角力」の続篇のような掌篇。鬼と言われる源太の悴・信一を怪我させた誠二は恐怖に震えている。タイトルが利いている。

負けぎらいト敗北ト『蜃気楼』一九二六（大正一五、昭和元）年

四つの掌篇が収められている。いずれもテーマは負けず嫌い。中でも「子守唄」は一篇の詩のよう。

瘤『蜃気楼』一九二六（大正一五、昭和元）年

主人公の「俺」が兄に殴られた。その経緯を友人に語る饒舌体。

将軍『蜃気楼』一九二六（大正一五、昭和元）年

将軍の遺物博覧会を観にいく「僕」の語り。講演を聴くにつれ、徐々に将軍に対する印象が変わってゆく。年配者の話も聞いてみるものだ。

口紅『青んぼ』創刊号／一九二六（大正一五、昭和元）年

母との久しぶりの再会を果たそうとする私。あれこれ準備し、最後に口紅を塗った。改行の多い掌篇で太宰にしては珍しい。

彼等と其のいとしき母『細胞文藝』第四（終刊）号／一九二八（昭和三）年

父が死に龍二は母と故郷へ戻った。東京に残った兄・光一郎を見舞うため龍二は上京するが、母も付いてくる。親子三人の関係性がリアルでいい。

無間奈落『細胞文藝』創刊号／一九二八（昭和三）年

十七歳の幹治は素封家の大村家の四男として生まれ、優等生だが醜男だった。下男や女中たちの影響による性への関心や衝動が、生々しくも詳細に描かれている。

花火『弘高新聞』一九二九（昭和四）年

メーデーに皆が工場に集まる。「僕」が死んだ兄について語る饒舌体の掌篇。兄は竹やという小間使いに病をうつし、死なせてしまった。

地主一代『座標』創刊号／一九三〇（昭和五）年

地主と小作人による争議について書かれている。争議の首謀者は弟だとする地主が主人公の短篇小説。

葉『鷭』創刊号／一九三四（昭和九）年

冒頭のヴェルレーヌの詩の一節「撰ばれてあることの恍惚と不安と二つわれにあり」が有名。全篇、詩といってもいい。難しいところがあるが十代のうちにチャレンジしてほしい。

断崖の錯覚『文化公論』一九三四（昭和九）年

作家志望だった呉服商の息子「私」の語り。温泉地へ旅に出て、宿で新進作家の名を騙ってしまい、その地で初恋を経験する。

逆行『文藝』一九三五（昭和一〇）年

掌篇が四作収められている。いずれもが若い自意識と繊細な感覚に満ちている。それでいて文体は整然とし、しっかりとした芯がある。「くろんぼ」が印象的。第一回芥川賞候補作。

玩具『作品』一九三五（昭和一〇）年

「私」の幼児の頃の話。いくつもの詩の集合のよう。未完とある。

ダス・ゲマイネ『文藝春秋』一九三五（昭和一〇）年

学生の佐野次郎と馬場、佐竹、太宰治が雑誌を作ろうと集まる。ところが、それぞれの特異な個性がぶつかり……。自意識過剰というものを考えさせられる。ユーモラスな作風。

創生記『新潮』一九三六（昭和一一）年

様々な浮想を書き連ねているようである。佐藤春夫の芥川賞問題を暴露していることで有名。読むのに難解だが、十代のうちに丁寧にゆっくり読みたい。

喝采『若草』一九三六（昭和一一）年

「創生記」同様、小説という体裁とは言えない。友人で作家の中村地平について多く書かれている。

二十世紀旗手『改造』一九三七（昭和一二）年

「生れて、すみません。」で有名。手紙を並べたような構成となっているが、萱野という女との一件が筋となっている。

あさましきもの『若草』一九三七（昭和一二）年

あさましいと思われる三つの短い例記。本心を見透かされたときの恥ずかしさ。

女生徒『文學界』一九三九（昭和一四）年

女性独白体の中でも白眉といえる短篇。ある女子学生の一日を描いている。感受性豊かであり、純真でもあるが、どこか切ない。太宰の真骨頂。

葉桜と魔笛『若草』一九三九（昭和一四）年

姉と妹、父の三人暮らし。妹は体が弱く、そう長い命ではない。ある日、妹の元に手紙が届く。妹は男とこっそり文通していたのだった。しかし、その手紙は……。姉による女性独白体の好篇。とても切ない。

走れメロス『新潮』一九四〇（昭和一五）年

多くの人にとって太宰文学に触れる最初の作品かもしれない。冒頭の「メロスは怒っていた」は有名なフレーズ。題材となっているのはシラーの「人質」。実直な友情を描いた作品。

千代女『改造』一九四一（昭和一六）年

十八歳の和子は、小学生時代に雑誌に作文が載ったことで周囲との関係が変わってしまった。母と叔父は小説を書くよう勧めるも気が乗らない。唯一、父だけが小説を書くのを反対するが……。女性独白体。

正義と微笑／書き下ろし／一九四二（昭和一七）年

役者になりたい主人公の日記形式の小説。みずみずしく輝いている、正に青春の書。太宰の弟子・堤重久の弟・康久の日記が題材。

パンドラの匣『河北新報』一九四五（昭和二〇）年

療養所で過ごす青年が親友に宛てた手紙の形式。主人公ひばりと看護するマア坊（正子）の関係がもどかしい。これからの人生を生きる青年たちに読んでもらいたい。

フォスフォレッセンス『日本小説』一九四七（昭和二二）年

百合の名前。「私」と「あのひと」との夢と現実を行き交うようなロマンチックな短篇。東京・三鷹に、駄場みゆきさんが経営する同名の古書店カフェがある。

人間失格『展望』六〜八月号／一九四八（昭和二三）年

「道化の華」の主人公・大庭葉蔵が主人公の小説。言わずとも知れた太宰の最も有名な代表作。できれば十代のうちに読んでほしい。

---

8 十代にはやはり「人間失格」

内容が難しい、漢字が読めない。個人差があるので、そこは考慮しない。十代の中学生、高校生、大学生が読むと影響を受けるかもしれない、感性に響くだろうという作品を挙げている。

これらの作品を通ったとき、太宰文学の好き嫌いが分かれる。好きになった人は、もうリストなんて無視して一気読みすればいい。

僕が太宰文学を初めて読んだのは十九歳。十代ギリギリだ。大学一年のとき、日本文学概論か何かのゼミの夏季休暇の課題で、「人間失格」を読み感想を書けということだった。

太宰のことは避けていた。「人間失格」も知っていた。しかし、タイトルが強烈すぎた。絶対惹かれてしまう。それもわかっていた。だから、太宰は読まないでいた。

実際読んだらはまり、よくある〝誤読〟をした。太宰は自分のことを書いてくれている（多くの読者がこう感じるという）。主人公・大庭葉蔵＝太宰治と解釈もした。当然、ゼミの教授は「大庭＝太宰じゃないぞ」と注意した。

太宰研究者の東京大学大学院人文社会系研究科教授・安藤宏氏は、『「私」をつくる　近代小説の試み』（岩波新書、二〇一五年）で、次のように説いている。

一般に小説の語り手が「私」で作者その人を連想させる場合、われわれは作者自身の実体験の報告、と思って小説を読んでしまいがちである。主人公に小説を書いた人の生き方を重ね合わせ、作者がどのような人だったのかに思いをめぐらせてみる、というのはある意味では自然な読み方で、これがいちがいにまちがいであるとは言えない。

こういうことは、文学研究においては当然といえば当然なのだろうが、当時の僕は聞き入れなかったし、理解したくもなかった。

小説家は小説、フィクションを創る。現実を題材としたとしても、あくまで創り物だ。私小説だからといって、作家自身の実体験をありのままに書いているわけではないし書く必要はない。そんな決まりは存在しないのだ。太宰自身、「春の盗賊」という小説で、次のように言っている。

いったい、小説の中に、「私」と称する人物を登場させる時には、よほど慎重な心構えを必要とする。フィクションを、この国には、いっそうその傾向が強いのではないかと思われるのであるが、どこの国の人でも、昔から、それを作者の醜聞として信じ込み、上品ぶって非難、憫笑する悪癖がある。たしかに、これは悪癖である。

私小説を書く場合でさえ、作者は、たいてい自身を「いい子」にして書いて在る。「いい子」でない自叙伝的小説の主人公があったろうか。芥川龍之介も、そのような述懐を、何かの折に書き記して在ったように記憶する。私は事実そのような疑問にひっかかり、「私」という主人公を、一ばん性のわるい、悪魔的なものとして描出しようと試みた。へんに「いい子」になって、人々の同情をひくよりは、かえって潔よいことだと思っていた。それが、いけなかったのである。

思春期の延長ともいえる大学一年生には、大庭＝太宰＝僕（読者）であるというフィクションが必要だったのだ。そうでなければならない理由、それは思春期を乗り切るための手段だったから。ひと言でいえば、太宰に自らのアイデンティティを投影していたともいえる。このことは、多くの読者にもいえることだろう。先ほど触れたように、太宰が自分のことを書いているという、いわば理解者、共感者としての太宰は、繊細・多感な思春期の青年にとっては、大変心強い味方となる。

そこへ、大人としての意見――大庭＝太宰＝僕ではない――が、その気分に水を差す。たとえそれが正しく論理的だったとしても、否定しなければならない。いわば自己を守るために欠かせない過程ともいえる。自分の領域を守るための闘争だ。

だから、感情的になる。相手が論理的になればなるほど、熱くなる。「ええい！　好きに読んで何が悪い！　太宰だけが俺の味方なんだ！」と、太宰文学の背景に、はっきりとあの田村茂撮影の新潮文庫の太宰の写真が控えていることに、頼もしさを覚える。

とにもかくにも「人間失格」は人を熱くするし、時には暗くもする。そういう感受性を持ち合わせている十代のうちに触れておくと、「人間失格」と正面から向き合える。年齢が上がってしまうと、ちょっと斜めから見てしまう。対峙するという意味でも、「人間失格」は十代のうちに読むのがいい。

9　「人間失格」は十代以降でも読める

しかし哀しいかな。人は年を重ねると徐々に視野が広がり、その視線は己の心をも見透かす。

僕は齢四十を超え、いわば大人の意見をよく理解している。反対に若い読者がかつての僕のような誤読をしたら、これみよがしに否定するだろう。それは正しい読み方ではないよ。

ただ、これが単純に太宰はしかの症状の治癒、つまり、太宰を卒業したことの証書となるかというと、そうでないのが不思議なところだ。現に僕は今となっては、大庭＝太宰＝僕という読み方をしていないが、だからといって「人間失格」を嫌いになってもいないし、むしろより好きになっている。それは、別の読み方ができるからともいえる。安藤氏の前掲書から引用する。


仮に小説の書き手である実在の人物が主人公であるように書かれていたとしても、作中の「私」は現実の作者とイコールではなく、虚構の「作者」をみずから演じ、それを絵解きにして小説を読むよう、読者をいざなっているのだ（後略）

もちろん、こういう読み方は、ややテクニカルになる。だいぶ突っ込んだ読み方になり、一読、二読くらいでは、そこには気づきにくい。だが、こういう読み方があることを知ると、太宰からの卒業はまだ先の話になる。太宰は私小説家であるかもしれないが、それ以上に創作家として野心的に小説を書いていたことを知りえるのだ。

10　「走れメロス」「女生徒」「葉桜と魔笛」も十代におすすめ

「走れメロス」は「はじめに」でも書いたとおり、教科書に載っていることが多く、太宰文学にいの一番に触れる可能性が高い。「走れメロス」は、実は太宰のオリジナルではなく原典がある。シラーの「人質」という詩だ。太宰っぽくないというのは、こういう経緯があるからかもしれない。ある意味ではわかりやすい「友情物語」ともいえるし、「自分だったらどうするだろうか」と感情移入もしやすい。最後もカラッとしている。

「女生徒」は、太宰が得意としている「女性独白体」という文体で書かれている。冒頭を引用しておく。

あさ、眼をさますときの気持ちは、面白い。かくれんぼのとき、押入れの真暗い中に、じっと、しゃがんで隠れていて、突然、でこちゃんに、がらっと襖をあけられ、日の光がどっと来て、でこちゃんに、「見つけた！」と大声で言われて、まぶしさ、それから、へんな間の悪さ、それから、胸がどきどきして、着物のまえを合せたりして、ちょっと、てれくさく、押入れから出て来て、急にむかむか腹立たしく、あの感じ、いや、ちがう、あの感じでもない、なんだか、やりきれない。

自分で手入力して感じたけれど、いい。最初に「女生徒」を読んだとき、ぞわぞわとした。これを男が書いているのか！　太宰には敵うはずがないと思ったものだ。

初っぱなの「あさ、」ここにリアリティがある。「朝、」としないところに、とても意識的に書かれていることがわかる。これは「女生徒」が書いているのだよ、と読者にしっかり意図を伝えている。「かくれんぼのとき、」以降、しばらく句点がない。これも本当に生々しいというか、女の子の文章らしい。けれど、「女生徒」にも原典がある。当時、太宰のファンだった有明淑《しず》という女学生が太宰に自分の日記を送った。これを小説にしてください、と。太宰は実際、この日記を元に小説を書いた。それが「女生徒」だ。

この考証は実際にされていて「有明淑の日記」（青森県立図書館、青森県近代文学館編、二〇〇〇年）という冊子が発行されている。有明の日記と「女生徒」を見比べてみると、どう素材を活かしたかが詳しくわかるので、結構おもしろい。

先ほど、太宰はアレンジ力があると書いたが、ここでも発揮されている。有明のは日記なのだから、何日もの出来事が書かれている。けれど「女生徒」は読めばわかる通り、一日に集約されているのだ。

確かに日記形式や手紙形式の小説は、世の中にたくさんある。僕は、あまりこれらの小説が好きではない。個人的な嗜好の問題なのだが、どうも読みにくい。だから「女生徒」が日記形式のままだったら、名作といわれるまでの評価は得られなかったのではないかと、密かに思っている。

「葉桜と魔笛」は「女生徒」とほぼ同時期に書かれ、同様に女性独白体の短篇。命が長くない妹を不憫に思っている姉は、ある日、妹が男と文通をしていることを知ってしまう。姉妹のいじらしさは十代なら、なおさら心が打たれるものがあるだろう。

太宰は男性の心の趣きだけでなく、女性の機微をも敏感に捉え、それらを巧みに文学表現することができた。このことが、男性ファンだけでなく女性ファンをも虜にしている原因なのだろう。

11　美しい未来に生きる青年へ　「正義と微笑」「パンドラの匣」

「正義と微笑」は太宰の弟子・堤重久の弟・康久の日記を題材としており、役者になるべく奮闘する青春記だ。重久は太宰が最も愛した弟子の一人で、『太宰治との七年間』（筑摩書房）という評伝を書いている（ただ、フィクションのような雰囲気がある）。この中には、「斜陽」のモデルとなった太田静子が登場し、重久は見合いのようなことをしていることも明かされている。また、林聖子さんも登場する。

「堤は、はじめてだったね。これが聖子ちゃん。（後略）」

娘さんは、純朴そうな、てきぱきした態度で、ぺこんと頭をさげた。（後略）

「筑摩の石井が惚れているんだがねえ、どもならんのだよ」

このあと、太宰が聖子さんにネックレスをプレゼントしているシーンが書かれている。生前、聖子さんが太宰からアクセサリーのようなものをもらったことがあると言っていた。おそらくこのときのものだったのだろうが、残念ながら紛失してしまったそうだ。

話を「正義と微笑」に戻すと、実に清々しい中篇小説で、まさに十代におすすめだ。実際、康久はのちに俳優となっている。今、夢を持っていたり、進路に悩んでいる十代には勇気を与えてもらえる小説だろう。「人間失格」が青春の影を描いているとしたら、こちらは青春の陽といえようか。

「パンドラの匣」は療養所を舞台としている。同部屋の人たち、看護師との人間関係の中で、主人公・ひばりの繊細な感受性が揺れ動く。「パンドラの匣」から引用する。

この船はいったいどこへ行くのか。それは僕にもわからない。未だ、まるで夢見心地だ。（中略）しかし、君、誤解してはいけない。僕は決して、絶望の末の虚無みたいなものになっているわけではない。船の出帆は、それはどんな性質な出帆であっても、必ず何かしらの幽かな期待を感じさせるものだ。

ひばりは、「パンドラの匣」の隅にある「希望」にすがる。

12　自意識過剰な十代　「ダス・ゲマイネ」

太宰文学のキーワードとして「ポーズ」というものがある。誰しもが若い頃は、このポーズというものに悩まされる。言うなれば自意識過剰にもつながる。自分をこう見せよう。自分はこう見られている。「ダス・ゲマイネ」の登場人物で、音楽をやっている馬場という男は、まさにポーズの塊といってもいい。

天鵞絨《ビロード》と鈕釦がむやみに多く、色は見事な銀鼠であって、話にならんほどにだぶだぶしていた。そのつぎには顔である。これをもひとめ見た印象で言わせてもらえば、シューベルトに化け損ねた狐である。

馬場の友人で絵描きの佐竹が自意識過剰について、こう言っている。

（前略）自意識というのは、たとえば、道の両側に何百人かの女学生が長い列をつくってならんでいて、そこへ自分が偶然にさしかかり、そのあいだをひとりで、のこのこ通って行くときの一挙手一投足、ことごとくぎこちなく視線のやりば首の位置すべてに困《こう》じ果てきりきり舞いをはじめるような、そんな工合いの気持ちのことだと思う（後略）

確かに自意識過剰とは、そう捉えられがちで、実際、佐竹は馬場のことを自意識過剰とは思っていないようだ。「出鱈目」「浮いた気持ち」などと評す。

とかく十代のうちは、自意識に苦しめられることが多い。自分だけが苦しんでいるのか、と、つい他者と比較してしまいがちだが、案外、そうでもない、と知ったとき、妙な興醒めがある。これも十代の特徴かもしれない。

20代におすすめの太宰作品

猿面冠者『鷭』一九三四（昭和九）年
　小説を書きあぐねている男の話。いよいよ「風の便り」というものを書くが……

道化の華『日本浪曼派』一九三五（昭和一〇）年
　田辺あつみ（シメ子）との鎌倉・腰越海岸の心中自殺を題材としている。心中に失敗した大庭葉蔵が主人公だが、いわゆるメタ構造の短篇となっており、作中に「僕」がしばしば登場する。当時は画期的で、太宰の真骨頂の作品といえる。

狂言の神『東陽』一九三六（昭和一一）年
　「道化の華」の続篇。太宰の鎌倉心中事件のその後が描かれている。心中後、改めて一人死のうと江の島辺りを彷徨う。深田久弥を訪ねるなど興味深い。個人的には暗さはなく明るささえ感じる。

HUMAN LOST『新潮』一九三七（昭和一二）年
　太宰が薬物依存で入院していた頃の体験が題材となっている。小説家として燻っている自身への苛立ちのようなものを感じる。

燈籠『若草』一九三七（昭和一二）年
　下駄屋の娘による独白体。さき子は水野という年下の男のために水着を盗み、警察に捕まってしまい、翌日釈放される。父の優しさが身に染みる。

姥捨『新潮』一九三八（昭和一三）年
　嘉七とかず枝は心中を図ろうと群馬・水上へと出かける。薬を飲み、帯を首に巻いたのだが……。

かず枝の他の男との過ちに対する嘉七の葛藤が描かれている。

秋風記／書き下ろし／一九三九（昭和一四）年

Kという女の話。ある日、「私」はKと一緒に旅に出る。心中の雰囲気の重苦しいなか、温泉宿で呼んだ芸者の一言がいい。全体を通して会話文が秀逸。どこかお洒落でもある。

花燭／書き下ろし／一九三九（昭和一四）年

東京郊外に男爵は住んでいる。知人が勤める撮影所に遊びに行き、興味のないものを見せられていたが、ふと声をかけられる。それはかつて実家で女中をしていたおとみだった。おとみの弟の「まずご自分の救済をして下さい」という言葉が、ぐさりと胸に刺さる。好篇。

デカダン抗議『文藝世紀』一九三九（昭和一四）年

「私」が十二歳のときの出来事。家に芸者がやって来て、半玉の浪に惚れる。何年も浪に会おうと方々に赴き、ようやく捜し当てたが……

古典風『知性』一九四〇（昭和一五）年

美濃十郎は、母にペーパーナイフの所在を聞かれ、自分が持っていると答える。翌朝、枕元には女中・てるが座っていた。なぜここにいるのか聞くと……

乞食学生『若草』一九四〇（昭和一五）年

作家の「私」は原稿をポストに投函したあと、三鷹市内を歩いている。「人喰い川」と恐れられる玉川上水に流されていく裸の佐伯五一郎という少年を追う。「私」と佐伯、その友人・熊本君のやりとりが大袈裟でありつつおもしろい。

令嬢アユ『新如苑』一九四一（昭和一六）年

年少の友人佐野君が伊豆で出会った令嬢の話。純朴な佐野君が微笑ましいが、ラストは少しもの悲しい。

恥『婦人畫報』一九四二（昭和一七）年

小説家に説教じみた手紙を送り、実際に彼に会い恥をかいた女性の独白体。小説家＝登場人物ではない証左か。

律子と貞子『若草』一九四二（昭和一七）年

三浦君が「私」に結婚話について相談する。ある旅館の姉妹、律子と貞子、どちらにしようかと。はたして三浦君が選んだのは……

日の出前（元タイトルは「**花火**」）『文藝』一九四二（昭和一七）年

鶴見家の長男・勝治は、チベット行きを父に反対されたのを機に荒れ始めた。悪友たちとの交際により、妹・節子の小遣いや着物、父の描いた絵まで奪い取ってしまう。ラストの節子の言葉が秀逸。実際にあった事件を基にしている。

斜陽『新潮』一九四七（昭和二二）年

かず子による女性独白体、貴族の没落を描いた代表作。上原という作家と恋をし「恋と革命」に生きようとするかず子、生活能力のない弟・直治。ラストの直治の遺書はみずみずしいながら、どこか自意識過剰の面があり、初期の太宰作品を彷彿とさせる。太田静子の日記を題材としている。

犯人『中央公論』一九四八（昭和二三）年

鶴と森ちゃんは同じ会社に勤め交際している。鶴は姉の嫁ぎ先の肉屋へ寄り、部屋を貸してくれるよう頼むが断られ、姉を刺してしまう。逃亡した鶴は……

13　恋愛が濃ゆくなる二十代だからこそ、おすすめ

二十代というと、学生の人もいるし社会に出始めている人もいる。親元を離れ、一人で暮らしている人も多い。ある意味では十代より厳しい時代だ。

十代の頃の感受性を抱えたまま社会に出ると、打ちのめされる出来事が多い。友人関係の濃さより恋愛関係が濃くなりやすいことも一因だ。人間関係で落ち込むことも多いだろうから、励ましてほしいときもあれば、共感してほしいときもある。

十代の延長、けれど十代では少し難しいかもしれないと思える太宰文学をリストアップした。十代で読んでもいいし、二十代で読んでもいい。

多くが太宰の初期作品と呼ばれるものが挙がっている。実際、これらを書いていたとき太宰も二十代だった。二十代の太宰は、薬物依存からの脱却と一つの恋愛（小山初代との関係）からの脱却というものにもがいていた時代だ。作品にもそれらが投影されているものが多い。

先ほど、二十代は「恋愛が濃ゆくなる」と書いたけれど、多くの人は二十代で一度「結婚」というものを考えるだろうからだ。リアリティをもって、「結婚」の二文字が頭に刻まれることだろう。それによって実際に結婚する人もいるだろうし、別れを選ぶ人もいる。太宰は後者だった。

同じような経験を得た人、得てはいなくとも実感を持てるのは二十代に限ると思う。そういう意味でリストに挙げられているのは、一連の太宰の恋愛経験を追憶できる作品群だ。

まず「道化の華」から。内容としては、一九三〇（昭和五）年の鎌倉・腰越海岸での自殺未遂を題材

に採っている。この小説がおもしろいのは文体だ。メタ形式になっていて、ところどころに著者といえる人物が介入してくる。構造的にも興味深い。主人公は大庭葉蔵といい、のちの「人間失格」と同じ名前である。次のように、葉蔵の物語に書き手が介入してくる。

さて、僕の小説も、ようやくぼけて来たようである。ここらで一転、パノラマ式の数齣《こま》を展開させるか。おおきいことを言うでない。なにをさせても無器用なお前が。ああ、うまく行けばよい。

こういう構造的な小説というのも、太宰文学の魅力の一つだ。今でこそ、いろいろな作家がやっている手法だけれど、当時としては珍しい。

この続篇とも言えるのが「狂言の神」。心中事件後に退院し、再びかの地を訪れるという内容になっている。一般的に、女性より男性の方がロマンチックで、過去を引きずりやすいという。「狂言の神」の主人公も同様な心持ちだったのかもしれない。

14　恋愛の終わりを告げる「姥捨」

「道化の華」「狂言の神」といった作品を読んでいき、ひとまず終着となるのが「姥捨」だ。タイトルからすると〝姥捨山〟を連想するかもしれない。

少し補足をしておくと、当時の太宰は小山初代と暮らしていた。彼女は太宰の故郷・青森からやってきた。太宰の生家は、結果的に初代を籍に入れることはしなかったので、初代は〝妻〟とはならない。

ああ、もういやだ。この女は、おれには重すぎる。いいひとだが、おれの手にあまる。おれは、無力の人間だ。おれは一生、このひとのために、こんな苦労をしなければ、ならぬのか。いやだ、もういやだ。わかれよう。おれは、おれのちからで、尽せるところまで尽した。

そのとき、はっきり決心がついた。

初代との関係を清算したのち、太宰はいわば中期といわれる時代に入っていく。そのきっかけとなったのが「満願」という掌篇で、この作品を機に、太宰文学は明るく健康的ともいえる雰囲気をまとってゆく。

二十代には、このような大きな別れが起こりやすい。きっと共感できる読者も多いことだろう。

15 「人間失格」に次ぐ代表作「斜陽」

「人間失格」と双璧と言っていいくらいの代表作が「斜陽」。僕の勝手な印象だと、特に女性に人気がある。

「斜陽」は十代か二十代のときに読んでおくといい。感性が鋭いうちに、後半の直治の日記を読んでおく方がいいのかもしれない。書いた時期が晩年ということもあって「人間失格」と通じる部分もあるからだ。その反面、太宰の初期作品のような雰囲気がある。ある意味では〝太宰らしさ〟が満載の作品とも言えるので、太宰文学初読者にもおすすめだ。冒頭から〝らしさ〟が窺える。

朝、食堂でスウプを一さじ、すっと吸ってお母さまが、

「あ」

と幽かな叫び声をお挙げになった。

「髪の毛?」

スウプに何か、イヤなものでも入っていたのかしら、と思った。

「いいえ」

お母さまは、何事も無かったように、またひらりと一さじ、スウプをお口に流し込み、すましてお顔を横に向け、お勝手の窓の、満開の山桜に視線を送り、そうしてお顔を横に向けたまま、またひらりと一さじ、スウプを小さなお唇のあいだに滑り込ませた。ヒラリ、という形容は、お母さまの場合、決して誇張では無い。婦人雑誌などに出ているお食事のいただき方などとは、てんでまるで、違っていらっしゃる。


後半の主人公・かず子の弟・直治の日記から引用。

デカダン? しかし、こうでもしなけりゃ生きておれないんだよ。そんな事を言って、僕を非難する人よりは、死ね! と言ってくれる人のほうがありがたい。さっぱりする。けれども人は、めったに、死ね! とは言わないものだ。ケチくさく、用心深い偽善者どもよ。

この文体のコントラストが「斜陽」の魅力でもある。太宰文学の真髄を味わえる。
「斜陽」は、太宰の愛人でもあった太田静子の日記（のちに『斜陽日記』として刊行）を題材としている。これと読み比べてみるとおもしろい。
太宰の得意とする女性独白体の文体で、戦後の退廃的な雰囲気、貴族の没落という、正に「斜陽」を描き、「斜陽族」なる言葉も流行した。

30代におすすめの太宰作品

此の夫婦『校友会雑誌』一九二八（昭和三）年
「彼等と其のいとしき母」の続篇のような短篇。光一郎は妻帯し、学生の龍二に好きに生きるよう告げる。光一郎は妻の浮気を疑い……

虚構の春『文學界』一九三六（昭和一一）年
送られた手紙を並べた小説。読みにくいので敬遠する人もいるだろう。個人的には井伏鱒二からのものが興味深い。「文壇も社会も、みんな自信だけの問題（中略）自信を持たしてくれるのは、自分の仕事の出来栄えである」。普遍的でありながら一般的な助言といえる。

富嶽百景『文体』一九三九（昭和一四）年
太宰の夫人・石原美知子とのお見合いの話が題材となっている。新たな生活を営なもうとする主人公の爽やかさが好感。「富士には月見草がよく似合う」の名言でも有名。ラストの女学生のカメラのシーンもいい。

愛と美について／書き下ろし／一九三九（昭和一四）年

五人きょうだいが物語をリレー形式で語り継いでいく。テーマは「老人」。きょうだいそれぞれの個性が際立ちユーモラス。

座興に非ず『文學者』一九三九（昭和一四）年

夕闇の中、「私」は上野界隈を散歩している。駅の改札で一人の青年に目を留める。冗談半分でお金をせびると……。何とも言えぬ読後感。

鴎『知性』一九四〇（昭和一五）年

「辻音楽師には辻音楽師の王国があるのだ」で有名。小説を書く、ということを正面から捉えている。

リイズ『短篇ラヂオ小説』台本／一九四〇（昭和一五）年

母親と暮らす洋画家・杉野君は女性モデルを雇うことにした。杉野君とモデルのやりとりが滑稽で、胸が温かくなる。タイトルはルノワールの作品〈日傘をさすリーズ〉より。

きりぎりす『新潮』一九四〇（昭和一五）年

洋画家の夫人の語りの短篇。売れない画家だった夫が徐々に売れ始め俗物と化していくことに軽蔑している。反俗精神が描かれているといわれる。

ろまん燈籠『婦人画報』一九四〇（昭和一五）年

「愛と美について」の続篇ともいえる。五人きょうだいがラプンツェルの物語をリレー形式でつないでいく。末弟を溺愛する祖母がおもしろい。

佳日『改造』一九四四（昭和一九）年

北京にいる大学の同級生・大隅君の結婚の手伝いをする話。結納を届けたりと四苦八苦するが、滑稽でもある。ラストは感動的。

トカトントン『群像』一九四七（昭和二二）年

小説家に手紙を書いている「私」は、トカトントンという音に悩まされている。花江という女に恋をするが……。物事に夢中で興奮しているときに聞こえるその音は何なのか。

ヴィヨンの妻『展望』一九四七（昭和二二）年

夫である作家・大谷が料理屋で金を盗んで帰ってくる。妻のさっちゃんは料理屋で働くようになった。ある晩、お客の矢島がやって来て……。ラストのさっちゃんのセリフが有名。女性独白体の好篇で人気作。

---

16 酸いも甘いも知り始めた三十代には「富嶽百景」「ヴィヨンの妻」

今の年齢と昭和初期の年齢、だいぶ受け取り方は違うと思う。平均寿命も違うし、同じ三十歳でも昔の人の方が老成しているイメージがあり、今の人の方が若々しいイメージがある。だから、三十代の方におすすめするのが、微かに青春の名残があるものの、大人の酸いがわかり始めるからこそ、という作品。それに教養をより深めていることもあるだろうから、そういった切り口のものもいいと思う。

太宰のことでいえば、三十代前半は、比較的落ち着いていた時代。もちろん、戦争はあったけれど、生活という意味ではあまり波風は立っていなかった。作品にも投影されている。そのため三十代におすすめするのも、この時期のものが多くなる。

「富士には月見草がよく似合う」

この一節で有名（?）なのが「富嶽百景」。太宰ファンではなくとも、人気のある小説だ。主人公が結婚するべくお見合い相手に会いにいくのは、どこか胸がそわそわする一方で、締め付けられる感もある。ラストのカメラのシャッターを切るシーンは、本当にじんとしてしまう。

ちなみに月見草のシーンだが、おそらくフィクションだろうと言われている。夕方に月見草は見られない。見たのは宵待草だったのではないか、と。いずれにせよ、太宰はこういうアレンジというか創作が実にうまい。

「ヴィヨンの妻」は比較的人気のある短篇小説だ。映画化もされている。大谷という作家がある晩、行きつけの料理屋で金を盗む。店の夫婦が大谷の家にやってくると、語り手の大谷の妻「私」（さっちゃん、というのだが、太宰と玉川上水に入水した山崎富栄のあだ名と一緒）は子を世話しながら、その料理屋で働くようになる。

のちにも触れるが、太宰は晩年になると、家庭を題材に書くようになる。それは生家・津島家のものではなく、自身が家長を務める津島家のものだ。太宰の初期作品は前者が多いが、後期は後者が多い。同じような題材を書いていると言えるのだが、微妙に変質しているのが特徴だ。

そして、後者を題材とした場合、太宰の筆は苛烈になる。「ヴィヨンの妻」もその一つとも言えるのだが、まだ〝フィクション〟の香りが色濃いので、三十代へのおすすめとした。

17　転職や起業、人生の岐路に立ったとき　「きりぎりす」「トカトントン」

「きりぎりす」は、あまり有名ではない小説だろう。けれど、太宰ファンの中では好きな人が多い。太宰には得意な文体があった。何度か登場している女性独白体だ。語り手の女性が語っていくという形式を取る。

「きりぎりす」も女性独白体だ。第二部で登場する「風紋」のママ・林聖子さんの母・秋田富子がモデルではないか、と言われている。

洋画家の妻が語り手である。ちなみに富子の夫・林倭衛《しずえ》は、大杉栄の肖像画《出獄の日のO氏》を描いた洋画家。

主人公の夫は売れない画家で、その頃は画壇の人たちの悪口を言っていた。それが次第に売れてくると態度を変え、いいものを食べたりするも、陰口は相変わらず。俗物となってくる夫に三行半を突きつけるというのがストーリーだ。

この俗物根性。社会人となり、働き盛りになってくる三十代には、よく身に沁みる話ではないだろうか。実際、自分に突きつけられていると感じる人もいるだろう。

三十代は転職や起業をする人も多い。そのとき、必ず一度は自分の人生を振り返ったり、現状の自分を見つめ直す機会があるだろう。

「きりぎりす」は、自分を客観視するにはちょうどいい。自分はつまらない人間になっていないだろうか。俗物になってやしないか。新しいものを作ろうと起業するのに、結局はレールの上に乗っかってやしないか。それを確かめるためにも「きりぎりす」は読んでみてほしい。

一方の「トカトントン」は、そういった転機ややる気を削ぐ、なんとも不可思議な現象（?）を描いた短篇小説だ。主人公の「私」はトカトントンという音に悩まされている。物事に夢中になりかけたとき、その音は突如やってくる。

現代でいうならば、その音は周囲の雑音なのかもしれない。親やパートナー、友人、同僚、上司……いろいろな人から「やめた方がいいんじゃない?」といった〝悪魔の囁き〟を浴びせられる（何かをやろうとしているとき、こういった声は忠言にはならない）。

トカトントンという音を拭い去ってチャレンジできるか、一歩を踏み出せるか、三十代は何かと試されている年代だ。

40代におすすめの太宰作品

めくら草紙『新潮』一九三六（昭和一一）年

「私」は隣家の十六歳になるマツ子に筆記をさせている。マツ子は毎日やってくるのだが、いじらしい。

I can speak『若草』一九三九（昭和一四）年

甲府にいる主人公は、ある工場から漏れ聞こえる女工の歌声に惹かれる。「I can speak English」と叫ぶ酔漢が物悲しい。掌篇。

新樹の言葉／書き下ろし／一九三九（昭和一四）年

作家の青木大蔵は郵便局員に「似ている」と言われる。続けて内藤幸吉さんのお兄さんだと言われ、青木は戸惑う。いざ幸吉が訪問してくると……。心温まる好篇。

火の鳥／書き下ろし／一九三九（昭和一四）年

さちよは乙彦と心中を図るも生き残り、女優となる。さちよが奔放で魅力的。数枝との関係がいい。三木登場シーンの「歴史的」という口癖は秀逸。太宰には珍しい三人称小説。長篇の気配はあるも未完。少し甘い雰囲気あり。二十代では持て余し腹が立つかもしれない。

八十八夜『新潮』一九三九（昭和一四）年

作家の笠井一は信州に旅に出た。上諏訪の宿にいるゆきさんに会いに行くためだった。ところが声が気に入った女中と……

美少女『月刊文章』一九三九（昭和一四）年

家内は温泉に通っている。「私」も勧められ行ってみると、老夫婦と十代後半の少女が入ってきて、少女の美しい裸体に見惚れる。後日、散髪屋に行くと、再び少女と遭遇する。ラストはきっちり自身を「悪徳」と評す。

皮膚と心『文學界』一九三九（昭和一四）年

ある日、吹出物が乳房の下にできていることに気づく。体中に広がっていき、「あの人」が医者に連れて行ってくれる。待合室でいろいろな考えに耽るあたりリアリティがある。「あの人」がなかなか優しい。

俗天使『新潮』一九四〇（昭和一五）年

冒頭の一行目が特徴的で、ある種の心地よさがある。二十枚書かないといけないがネタがない、とばかりにいろいろ書き連ねる。ミケランジェロについても書かれてあり興味深い。

兄たち『婦人畫報』一九四〇（昭和一五）年
兄たちと創作を行っていたという思い出。長兄、次兄、三兄、なかでも二十八歳で亡くなり彫刻家を志していた三兄について詳しい。

女の決闘『月刊文章』一九四〇（昭和一五）年
森鷗外の訳した短篇「女の決闘」について、読者と一緒に読み進める。原作者ヘルベルト・オイレンベルクがこの小品を書いたときの心境の仮説を二つ立て、二つ目の方を土台に新たな物語を作るという形式。太宰のアレンジ力が活きている。

誰も知らぬ『若草』一九四〇（昭和一五）年
安川夫人の女学生時代の友人・芹川さんの話。芹川さんはある男性と文通をしていたが、ある日……。女性の独白体。

失敗園『東西』一九四〇（昭和一五）年
庭に植えられた野菜などが順番に語るという変わった形式の短篇。この家の夫と妻に対する評がおもしろい。

みみずく通信『知性』一九四一（昭和一六）年
私（太宰と明かされている）の新潟講演の報告。学生とのやりとりがどこかみずみずしいエッセイ風。

服装に就いて『文藝春秋』一九四一（昭和一六）年
出かける服装のせいで友人と喧嘩したというエッセイ風の小説。

風の便り『文學界』一九四一（昭和一六）年

私小説家・木戸一郎が高踏派の先輩作家・井原退蔵と往復書簡をしている形式。書けない苦悩を綴る木戸に対し、井原は「手本の匂い」がすると、木戸の小説を褒めつつも詰る。木戸が旅に出ると、そこへ……。「小説に於いては、決して芸術的雰囲気をねらっては、いけません。」「天才とは、いつでも自身を駄目だと思っている人たちである。」は至言か。好篇。

新郎『新潮』一九四二（昭和一七）年
ラストの馭者とのやりとりがいい。太平洋戦争の戦端が開いたことを踏まえて書かれているエッセイ風。

十二月八日『婦人公論』一九四二（昭和一七）年
真珠湾攻撃の日にちと同じである。素朴な市井の日常が描かれている。作家の妻による女性独白体。

水仙『改造』一九四二（昭和一七）年
草田静子は絵を習い始めた。若い連中に褒められていくうちに才能があると思い、生活が乱れてゆく。小説家の「私」は静子を諫めるも聞く耳を持たない。そのうち静子は耳が聞こえなくなり……。ラストに、はっとさせられる。秋田富子がモデルと言われる好篇。

小さいアルバム『新潮』一九四二（昭和一七）年
Dという主人公が、訪問客にアルバムに収まっている自分の写真を解説していく。実際の太宰を髣髴させ、明るい自虐の饒舌体。

禁酒の心『現代文學』一九四二（昭和一七）年
酒を飲むたび嫌なことがあり禁酒しようと考えるエッセイ風の掌篇。

作家の手帖『文庫』一九四三（昭和一八）年

七夕の話もおもしろいが、煙草の火を貸してお礼を言われたらなんて応じるか逡巡するのもいい。エッセイ風。

雪の夜の話『少女の友』一九四四（昭和一九）年

女性独白体。物語の本筋よりも燈台守の一家の逸話で有名な作品。一家団欒の光景を壊さんとした水夫が気高い。

散華『新若人』一九四四（昭和一九）年

戦争で亡くなった二人の友人の話。三井と三田という名が紛らわしいが仕方ない。三田君の手紙が美しく心を打つ。

東京だより『文學報国』一九四四（昭和一九）年

友人の画かきの工場を訪問し、ひとりの美しい少女と出会う。なぜ他の女性と違って美しいと感じたのか……

嘘『新潮』一九四六（昭和二一）年

疎開先の津軽で会った小学校の同級生は、女の嘘はすごいと話し始める。親戚の圭吾が出征しておらず、圭吾の妻に尋ねるも知らぬと言い張るが……。ラストのやりとりが意味深で、様々な読解を示唆している。

未帰還の友に『潮流』一九四六（昭和二一）年

出征する鶴田君と上野で会う。公園内の店の店主に無理言って酒を出してもらう。そこで鶴田君は菊屋の娘・マサ子の件を打ち明ける。物悲しいような苦いような好篇。

冬の花火『展望』一九四六（昭和二一）年
戯曲。数枝は娘を置いて男の元に行こうとし、父・伝兵衛と言い争う。ある夜、村の清蔵という男が数枝の元に忍び込んでくる。そこへ、数枝の継母・あさが助けに入ってきてくれるのだが……

チャンス『藝術』一九四六（昭和二一）年
恋愛はチャンスではなく意志である。とある会でお篠という芸者と知り合う。食べ物に気を取られているうちにチャンスが……。花より団子とでも言おうか。

春の枯葉『人間』一九四六（昭和二一）年
戯曲。野中夫妻の家に寄居する義雄と菊代兄妹。四人それぞれが抱える苦悩が浮き彫りになるなか、新しい兆しが見えかける。

雀『思潮』一九四六（昭和二一）年
疎開中、五所川原で同級生の慶四郎と再会する。慶四郎は肺病のため入院していた伊東温泉から帰るところだった。慶四郎はその地でツネちゃんという射的場の娘と知り合った。ラストも秀逸な好篇。タイトルもいい。

薄明／書き下ろし／一九四六（昭和二一）年
「私」は甲府の妻の実家に疎開、長女が目を悪くし危惧している。焼夷弾攻撃が始まり、家も焼失してしまう。移る先が決まり医者に診てもらうと、じきに目は治るだろうと言われる。タイトルが利いている。

親友交歓『新潮』一九四六（昭和二一）年
ある男の訪問を受け酒を飲み交わす。小学校の同級生の平田だと名乗る男だったが、「私」は記憶が朧げである。クラス会を開くという話を機にさんざん飲み散らかした平田が、最後に放った言葉は……

メリイクリスマス『中央公論』一九四七（昭和二二）年

三鷹の書店で「シヅエ子」という少女と再会を果たし、お母さんとも会おうと家へ行こうとするが……。林聖子さんと母・秋田富子がモデルとなった短篇。

母『新潮』一九四七（昭和二二）年

津軽への疎開先での出来事。小川新太郎という宿屋の青年と出会う。その宿屋で眠っていると隣室から男と女の話が漏れ聞こえてくる。男は女に問われ、母親の年齢は三十八だと答える。女心が描かれている。

父『人間』一九四七（昭和二二）年

親が有るから子は育たぬ、と自嘲する。子のためのお金さえ酒に変えてしまう。米の配給を取りに行くので子を見ていてくれと妻に頼まれるが……

女神『日本小説』一九四七（昭和二二）年

三鷹の家に、満洲に疎開した細田氏が訪ねてきた。お洒落だった細田氏は印象ががらっと変わっていた。細田氏との一件ののち帰ったあと、「私」は妻に話す。そのやりとりが秀逸。

朝『新思潮』一九四七（昭和二二）年

作家の「私」は、キクちゃんの部屋を仕事部屋として使っている。飲んだ帰り、キクちゃんの部屋へ向かうと……

おさん『改造』一九四七（昭和二二）年

主婦による独白体。夫は雑誌社に勤めていたが戦災で解散、自身で出版社を興すも苦労している。たまに帰ってくる夫が妻に頭をひょこっと下げるシーンが印象的。好篇。

饗応夫人『光』一九四八（昭和二三）年

太宰と親交のあった画家・桜井浜江をモデルとしている。客をもてなす夫人の奮闘ぶりが女中の独白体によって描かれている。

女類『八雲』一九四八（昭和二三）年

女を一人殺したという「僕」の語り。おでん屋のおかみと仲良くなるが、先輩の笠井とその件で叱責を受ける。その翌日に……

渡り鳥『群像』一九四八（昭和二三）年

雑誌社に勤める柳川は、かつて原稿を読んでくれと頼まれた男と遭遇する。馬鹿にしていたところ、原稿が売れたので飲まないかと誘われる。批判精神が込められている。

グッド・バイ『朝日新聞』一九四八（昭和二三）年

編集者の田島周二は、交際している女性たちとの関係を清算していこうとする。新聞連載だったユーモラスな未完の小説。

桜桃『世界』一九四八（昭和二三）年

「子供より親が大事、と思いたい。」から始まる苛烈ともいえる短篇。娘二人、息子一人、晩年の太宰の家庭を彷彿とさせ、リアリティのある苦悩が描かれていて奥行きのある好篇。乳と乳の間を「涙の谷」と表現するなど秀逸。

家庭の幸福『中央公論』一九四八（昭和二三）年

ある日、帰ったら嫌いなラジオが置いてある。夢中で聴いていると官僚と民衆の討論が放送されるが次第に腹が立ってくる。そのうちヘラヘラ笑う役人に自己を投影して想像するうちに短篇小説の構想が思い浮かぶ。「家庭の幸福は諸悪の本」というラストが有名。

18　四十代、人生の折り返しだからこそ読む太宰治

太宰ファンの人は四十代になり、人生の折り返しを迎え、今一度全作品を読んでみようと思うかもしれない。それはそれでいいことだと思う。実際、僕はこの本を書くためもあって、久しぶりに全作読んでみた。

ここから太宰を読もう、という人もいるだろう。さっきも書いたが、太宰は四十代以降の人生を生きていない。皮肉なことに、文筆活動のピークを太宰は晩年に迎えていた。晩年――戦後、三鷹時代――の太宰は、まさに流行作家となっていた。「斜陽」「人間失格」「グッド・バイ」、代表作がこの時期に生まれている。

この時期、太宰の愛読者は一気に増え、当時の学生の間でも人気だった。彼らは三島由紀夫と同世代であるが、その後、なかには太宰を卒業し、壮年時代には三島さえ素通りし、松本清張や司馬遼太郎といったミステリーや時代小説に傾いたかもしれない。つまり、太宰のはしかを実感したのは、まさにこの世代が初めてのはずだ。

やや話はそれる。太宰好きは三島嫌いが多いという。実際、僕もよく質問されるし、そういう人は多い。この理由としては、三島が太宰を嫌いだと公言して憚らなかったということもあるだろうが、僕ら

の世代（現在の四十代）が、リアルタイムで太宰も知らなければ、三島も知らないからでもあろう。

より世代の近い三島（生きていれば九十七歳）は、今の七十代、八十代にとってはリアルタイムの存在だったし、同時代を生きた実感も多少あるだろうし、共感もあれば反感もあったろう。しかし、僕らの世代はさらに遠い太宰（生きていれば百十三歳）に共感する。それは、三島を知る世代への反発ともいえる。流行する前の太宰を知る世代は、ほぼ息絶えた。その世代に対して、僕らは直接触れたことはない。隔世という存在だ。

三島は近すぎるのだ。太宰には程よい世代間がある。青森の旧世代は太宰を故郷の恥さらしと思う人が、いまだにいるという。一方で、僕らの世代は観光資源と捉える。太宰が玉川上水で入水したとき、東京の水源を汚すとは何ぞや、と新聞で話題になったことは有名だが、僕らの世代は、こんな水量の少ないところ（当時は人食い川といわれた）に飛び込んだのか、と感慨に浸る。そういう程よい、記憶と記録の曖昧とした状況、それは現実と幻想の狭間、いわばファンタジーのような感覚を、太宰から実感することができるのだ。

話を戻そう。大江健三郎、奥野健男、開高健、武田泰淳、中村真一郎、吉行淳之介が参加している座談会「現代文学と太宰治」（『文学界』一九六〇年六月号、文藝春秋）は興味深い。彼らは明治末期から昭和初期生まれであり、リアルタイムで流行期の太宰作品に触れ、活躍を見聞きしていた世代だ。奥野は次のように言う。

太宰信者が多かったんです。（中略）それが単に文学青年だけでなくって、戦争中行っていた工場の工員とか、それから理科系の学生技術者などにも非常に多かったのですね。

そう言う奥野は「太宰治論」で一世風靡する。吉行も太宰を愛読していたようだ。

だけれども、太宰を愛読していることが、恥しいような気がどッかにあるよ。（中略）あの気持はどういうところからくるのかな。一つは太宰ファンというのが嫌いでね。

これに呼応して、奥野でさえ、「太宰ファンはいやですね。おれも太宰ファンだけれども、おれは違う太宰ファンだという気持があった」と言う始末だ。

こういったことの積み重ね——太宰以後の小説家や識者諸々が、太宰を愛読してきたことを恥じていたり、愛読している者を毛嫌いする。その傾向を現代の太宰愛読者は多かれ少なかれ知っている。だからこそ太宰を好きだと認めつつも、あまり多くを語らないという自重がある。

戦後、太宰は流行作家となったことで、熱狂的に若者に支持された。それに対して、反感を抱く者がいたとしても何ら不思議ではない。実際、僕も現代に太宰がいたら、性格がひねくれているから、太宰を嫌いになっただろう。それは、本質的に太宰が嫌いというより、多くの支持者に愛されていることから嫌いになるということだ。簡単にいってしまえば嫉妬である。だから、先に触れたように、隔世というのは必要なことなのだ。少なくとも、太宰を愛読することにおいては。

19　社会のからくりがわかってくる四十代　「冬の花火」

では、太宰が生き延び作品を書き続けていれば、彼らは太宰の読者であり続けたのか。それはわからない。太宰が何を書こうとしていたのかわからないからだ。

しかし、高度経済成長期を迎える戦後の日本において、太宰が書き続けているとしたら、その状況に首を傾げていたに違いない。そのヒントとして、戦後発表された戯曲「冬の花火」の登場人物・数枝の台詞を引用しよう。

　こんどはまた日本再建とやらの指導者のインフレーションのようですね。おそろしい事だわ。日本はこれからきっと、もっともっと駄目になると思うわ。（中略）ねえ、アナーキーってどんな事なの？（中略）気の合った友だちばかりで田畑を耕して、桃や梨や林檎の木を植えて、ラジオも聞かず、新聞も読まず、手紙も来ないし、選挙も無いし、演説も無いし、みんなが自分の過去の罪を自覚して気が弱くて、それこそ、おのれを愛するが如く隣人を愛して、そうして疲れたら眠って、そんな部落を作れないものかしら。あたしはいまこそ、そんな部落が作れるような気がするわ。

ちなみに、「冬の花火」は昭和二十一年十二月に、花柳章太郎、水谷八重子ら新生新派によって舞台化されることになっていたが、ＧＨＱによって中止された。

一概に、小説の登場人物の台詞が太宰の主張とは言い切れないが、戦後、太宰は「天皇陛下万歳」こそが、「今日に於いては最も新しい自由思想だ」（「十五年間」）とも登場人物に言わせている（このことは前に述べたように、登場人物＝太宰と読んでしまいたくなるのだが、そうしてしまうことが、太宰はしかの発症につながるので、要注意だ）。太宰が、戦後の日本社会の手の平返しに戸惑いを覚えていたのは間違いないだろう。

四十代という年代は社会の真実、偽り、からくりが見えてくる。ああ、社会ってこうだよね、と、どこか達観した気になり、そこに浸りがちになる。もう自分は若くない。かといって老いたわけでもない。中途半端な年代だ。社会のことがわかってきたからこそ、真剣に社会問題に立ち向かう人もいる。反発しようという気概のある人もいるだろう。

長い物に巻かれない。その傾向は、文壇においてもそうだろう。太宰は、まさか志賀直哉や川端康成、三島とは共に歩めなかっただろう。戦後派とも違う。第三の新人、内向の世代はどうか。どうも違う気がする（吉行淳之介、安岡章太郎などは案外、太宰も共感したかもしれない）。戦後、坂口安吾や織田作之助と共に無頼派と呼ばれた太宰だが、仮に太宰が長生きしても、安吾（昭和三十年没）もオダサク（昭和二十二年没）もあっさり死んでしまっているのだから同志はいない。

太宰はやはり孤立しただろう。それは太宰の文学世界においてもいえることだ。なぜなら、戦後派、第三の新人、内向の世代の多くにとって、太宰ははしかであるからだ。そして、太宰はすでに亡くなっている。彼の文学は「グッド・バイ」で永遠に終わっているのだ。

だが、彼らは自らが年を重ねるうちに、太宰を忘れ、再び太宰を思い出したとき、別の太宰の側面を再発見することになる。そして、当時反発をもって見ていた熱烈な太宰愛読者も周囲からいなくなる。あるいは草葉の陰へと身を隠す。そうなれば、冷静に太宰と向き合うことになり、「ああ、なんだ。太宰の小説はこういうのもあったのか」と。

このように、僕らの世代も勝手に——下の世代を含めて——はしかを患い、いつかそれを治癒し、わずかに残る痕を目にしては苦笑を浮かべることがあるのかもしれない。

20　自分も大人になったからこそ　「メリイクリスマス」

ここで「メリイクリスマス」が登場する。「はじめに」でも触れたし、第二部にも出てくる。個人的にも重要な短篇小説。「メリイクリスマス」は、『中央公論』昭和二十二年一月号に掲載されているように、ちゃんと頃合いを見て発表されている。

主人公が三鷹の書店で「シヅエ子」という少女と再会し、お母さんに会うべく、家まで案内するという筋。この「シヅエ子」のモデルが林聖子さん、お母さんは秋田富子となる。

太宰は生前、自作について、これは誰々をモデルにした、などと語ってはいない。ただ、太宰は『中央公論』を聖子さんに渡すとき、

「はい、僕からのクリスマスプレゼント」

と言ったらしい。

太宰からの裏取りはしようがないのだが、聖子さんと富子さんがモデルになったのは間違いないだろう。聖子さんの父は倭衛＝しずえ、と読む。

もちろん、小説だからフィクションだ。小説では母は亡くなっていることになっているが、その頃富子さんはご健在。だから、これを読んだとき、少し寂しそうだったという。ラストも太宰らしいという

か。なるほど、ここにちゃんと世相も反映させているのか、と唸らされる。

なぜ四十代におすすめなのかというと、ここに描かれている再会を果たす可能性が高いのは四十代だと思えるからだ（それ以降だっていい）。

誰もが、自分が二十代だった頃に知り合った幼児が一人や二人いると思う。親戚だったり、友人のきょうだいだったり、近所の子だったり。月日が流れ、彼らが成長し、ばったり遭遇なんてこともあるだろう。そのとき、子どもだった方もそうだと思うが、案外、大人の側の方がどぎまぎしたりする。相手が美男、美女に成長していたり、立派な大人になっていたりしたら、なおさらだ。

「メリイクリスマス」には、そういう葛藤も描かれている。心の流れが、実におもしろいのだ。そういう側面からも、読んでみるといい。

21　家庭を正面から見据える「桜桃」「家庭の幸福」

家庭に問題を抱える。誰もが直面する。殊に、現在は晩婚時代になり、小さい子供を持つ四十代は多いだろう。

先ほど三十代のところでも触れたが、晩年の太宰は自身を家長とする津島家（妻、娘二人、息子一人の三鷹における家庭）を題材とした家庭小説を多く書いている。

これらの作品群は、決して希望のある小説とはいえない。どちらかというと、「うっ」と言葉が詰まるようなことも書かれていたりする。中でも最晩年に書かれた「桜桃」は苛烈とも言える。なんせ冒頭の一行目が「子供よりも親が大事、と思いたい」。この小説のキーワードは「涙の谷」。主人公と妻の会話から。

「お父さんは、お鼻に一ばん汗をおかきになるようね。いつも、せわしくお鼻を拭いていらっしゃる」

父は苦笑して、

「それじゃ、お前はどこだ。内股かね？」

「お上品なお父さんですこと」

「いや、何もお前、医学的な話じゃないか。上品も下品も無い」

「私はね」

と母は少しまじめな顔になり、

「この、お乳とお乳のあいだに、……涙の谷、……」

涙の谷。

父は黙して、食事をつづけた。


晩年の太宰の家庭への切り込みは、まだ続く。「家庭の幸福」はラストで有名だ。「家庭の幸福は諸悪の本」。太宰は言葉の魔術師などと評されることがあるが、「涙の谷」といい「家庭の幸福は諸悪の本」といい、切れ味が鋭く、小説の内容よりも言葉のインパクトが強く読者の心に残る。

どちらも短篇小説なのだが、太宰がもう少し生きていたら、いい家族小説、しかも長篇を書いたのではないかと思う。もちろん「桜桃」「家庭の幸福」に書かれているようなことはとても激烈で、書くのはしんどいだろう。これらを最晩年に書いたということもあって、やりきれない人もいるだろう。

50代におすすめの太宰作品

彼は昔の彼ならず『世紀』一九三四（昭和九）年
「私」は書道を教えていると偽った木下青扇とそのマダムに家を貸し、酒を一緒に飲み意気投合する。青扇が不在の折、訪ねるとマダムに「木下を信用するな」と耳打ちされる。家賃が滞納されていくうちに……。ユーモラスで滋味のある短篇。

雌に就いて『若草』一九三六（昭和一一）年
理想的な女性について語り合う、会話文が続く短篇。女性と旅をするならという空想を、あれこれ話す大人の酒の席の遊戯といった雰囲気。ただ、ラストで現実に戻される。

懶惰の歌留多『文藝』一九三九（昭和一四）年
怠け者を自称する「私」は、いろは……の順に思いついたことを書いていく。ヴィナスは、元旦にジュピターの宮殿をお参りするときに遭遇した三人目の男を夫とすることを決めたが……

畜犬談『文學者』一九三九（昭和一四）年
犬が苦手なのに、付きまとわれてしまう。ある日、一匹の小犬がついてきて居ついてしまう。徐々に「私」とポチの関係性は複雑になってゆく。滑稽でありながら、ぐっとくる。

駈込み訴へ『中央公論』一九四〇（昭和一五）年

イエス・キリストの弟子ユダが、なぜイエスを裏切ったのかを語る独白体となっている。どこか落語のような文体であり、スピード感がある。ラストの切れ味がいい。

春の盗賊『文藝日本』一九四〇（昭和一五）年

どろぼうにあったという話。だが、本筋からどんどん話題が逸れていき、文学談義をはじめ饒舌になってゆく。落語の影響を受けているという指摘もある。

女人訓戒『作品倶楽部』一九四〇（昭和一五）年

女性の習性（？）について。タンシチューを食べ続けたおかげで舌が長くなりＬの発音がよくなったなど、眉唾の逸話も。

善蔵を思う『文藝』一九四〇（昭和一五）年

題名は故郷の先輩作家・葛西善蔵のことと思われるが、当人は登場しない。青森県人の集まりに参加し、自己紹介でもたついているとからかいの声をかけられ……。薔薇の話が利いている。

佐渡『公論』一九四一（昭和一六）年

「みみずく通信」の続篇と言える。新潟での講演のあと佐渡へ渡る。船中、島影を見て佐渡なのかどうか逡巡しているのが滑稽。

新ハムレット／書き下ろし／一九四一（昭和一六）年

言わずと知れたシェイクスピアの戯曲「ハムレット」の太宰バージョン。原作と読み比べてみるとおもしろい。

誰『知性』一九四一（昭和一六）年

友人に「サタン」だと言われた「私」は自身が本当にサタンかを考える。借金の手紙に対する朱筆がユーモラスだが、ラストはしっぺ返し。

帰去来『八雲』一九四三（昭和一八）年

太宰が世話になった中畑さんと北さんについて。故郷へ帰り、母との再会に胸がじんとくる。

故郷『新潮』一九四三（昭和一八）年

「帰去来」の続篇。母が重態だというので改めて帰郷。「帰去来」では果たせなかった長兄・文治との再会が描かれている。

鉄面皮『文學界』一九四三（昭和一八）年

自作「右大臣実朝」に端を発するエッセイ風。宣伝ではないと言いつつも、実朝への関心が知られて興味深い。

新釈諸国噺『新潮』一九四四（昭和一九）年

井原西鶴の原典をもとに太宰がアレンジした作品一二篇。なかでも「裸川」「義理」「人魚の海」がおすすめ。西鶴の作品と比較して読むとおもしろい。

瘤取り／書き下ろし／一九四五（昭和二〇）年

お爺さんは酒飲みで、お婆さんと息子に相手にされない。瘤を自分の「孫」と喜ぶも……

浦島さん／書き下ろし／一九四五（昭和二〇）年

昔話「浦島太郎」がモチーフ。浦島と亀の道中のやりとりがおもしろい。

カチカチ山／書き下ろし／一九四五（昭和二〇）年

昔話「かちかち山」がモチーフ。ウサギを少女、タヌキを中年男と見立てている。なぜウサギはタヌキを殺したのか。タヌキの最後の言葉が妙。太宰独自のアレンジが秀逸でユーモラス。

舌切雀／書き下ろし／一九四五（昭和二〇）年

お爺さんがからきしだらしなく、おもしろい。雀とのやりとりがかわいらしい。

酒の追憶『地上』一九四八（昭和二三）年

俳優の丸山定夫が連れを伴って訪ねてくる。その連れとは……。ひや酒、チャンポンなど酒の思い出。なんとも粋な短篇。

美男子と煙草『日本小説』一九四八（昭和二三）年

「私」＝太宰治が編集者と共に上野の浮浪者に会いにいく。少年たちと撮影するなどの光景が描かれている。ラストがいい。

眉山『小説新潮』一九四八（昭和二三）年

作家・川上眉山のこと。若松屋という飲み屋の女中トシちゃんのあだ名で、彼女はいつも階段を慌ただしく下りていく。それには理由があり……。物悲しい短篇。

22　五十代におすすめなのは渋い中篇作品

太宰は後期になると、明らかな私小説作品以外のものも書いている。太平洋戦争真っ只中、多くの文学者が従軍したり筆を折ったりしているなか、太宰は旺盛な活動を続けた。

特に「お伽草紙」「新釈諸国噺」、これらのシリーズは読み応えもあるし、なかなか含蓄深い。人生の滋味を感じつつある五十代の読者には興味深い作品が多いはずだ。

何も読書というのは、自分自身の黙読だけのことではない。第三者による朗読も読書といえるだろう。五十代以降になってくると、活字を読むのが辛いという人も多いと思う。読みたくても字が小さい。疲れる。その場合、朗読会などに参加してみたら、いかがだろうか。特に太宰に関する朗読は、本当に頻繁に行われている。

たとえば原きよさん、中村雅子さんといった元アナウンサーの方、小河知夏さんといった元声優の方、それに声優の羽佐間道夫さん。羽佐間さんは最近はあまり朗読をされていないが、以前「お伽草紙」「新釈諸国噺」を題目に取り上げていた。

この二つのシリーズを簡単に補っておこう。「新釈諸国噺」の冒頭、太宰はこう書いている。

わたしのさいかく、とでも振仮名を附けたい気持で、新釈諸国噺という題にしたのであるが、これは西鶴の現代訳というようなものでは決してない。(中略) 私は西鶴の全著作の中から、私の気にいりの小品を二十篇ほど選んで、それにまつわる私の空想を自由に書き綴り (後略)

いわば、太宰なりに西鶴の「珍味異香」をこしらえたというものだ。例えば太宰の「裸川」と西鶴の「我物ゆへに裸川」を比べてみよう。青砥左衛門尉藤綱が馬で川を渡っているとき、銭十文を落としてしまった。西鶴は、このシーンをこう描いている。

青砥左衛門尉藤綱 (中略) 十銭にたらざるを、川浪に取落し。向ひの岸根にあがり、里人をまねき、わづかの銭を、三貫文あたへて、是をたづねさけるに。

続いて太宰はこう書く。

青砥左衛門尉藤綱（中略）袋の中の十銭ばかり、ちゃぽりと川浪にこぼれ落ちた。青砥、はっと顔色を変え、駒をとどめて猫背になり、川底までも射透さんと稲妻の如く眼を光らせて川の面を凝視したが（後略）

その後、太宰の青砥は自分が本当はいくら落としたのか、と金の使い道などを思い出そうとする。西鶴に比べ、青砥の喜怒哀楽が細かく描かれている。

一方、「お伽草紙」はというと、日本昔話で有名な「カチカチ山」「浦島さん」「舌切雀」「瘤取り」を太宰風に解釈し、アレンジしたものである。

たとえば、「カチカチ山」はタヌキを三十七歳の中年男、ウサギを十六歳の処女という設定にし、処女の残酷さゆえ、タヌキにお婆さんの復讐を果たしたという物語に仕立てあげている。タヌキはウサギに恋心を寄せる粗野な男であるが、泥舟で溺れ死ぬ直前、「惚れたが悪いか」と言い残す。

「お伽草紙」「新釈諸国噺」などは、いわば古典文学の手法に通じるものがあるから、年配の読者に受け入れられる要素はあるかもしれない。実際、三浦雅士氏や檀一雄も、太宰は落語の影響を受けていると言っている（太宰はその影響について言及している文章を残してはいないが）。三浦氏は『青春の終焉』（講談社、二〇〇一年）の中で、こう言及している。

太宰治は落語家であると述べた。むろん、ひとつの視点にすぎない。だが、この視点に立つとそれなりに見えてくることがいくつかある。たとえば口語と文語の混淆がそうだ。語ること、朗読することを好んだ太宰治の文章には、特有なリズムがあって、そのリズムが口語と文語の混淆を可能にするのである。

また、法政大学文学部日本文学科教授の田中和生氏は、『新約太宰治』（講談社、二〇〇六年）で、次のように言う。

太宰治という作家が特異なのは、読者が作家に引きつけられるあまり、作家像にそのまま結びつけられるものばかりが語るべき作品であるかのように錯覚させられてしまうことだ。だからわたしは、この作家論として語られることの少ない中期の作品こそ作家の資質をよく示す傑作群であり、なかでもそっとさし出す以外の説明の仕方を許さない『お伽草紙』を最高傑作だと考える。

つまり、「人間失格」などと比べると、太宰個人との距離感が保たれていることにより、かつての愛読者からしても――たとえ、一度ははしかに罹ったとしても――受け入れやすいということにつながるのだろう。

興味深い示唆をしているのが、井上ひさしだ。太宰の没後五十年の際、長部日出雄、野原一夫、小森陽一氏との座談会「太宰治――『メタフィクション』の劇場人――」（『すばる』一九九八年七月号、集英社）

の中で、次のように発言している。

この時期の小説（引用者注「お伽草紙」ほか）を見直すことは大事です。こんなおかしな人が、なぜ「虚無の権化」「苦悩の文学」になるのか。これまでに書かれた文学史はどうも歪ですね。

太宰の真骨頂は、「新釈諸国噺」や「お伽草紙」にあるもので、そのところがあまり評価されていないのが解せない。そう言っているように思う。それは別の言い方をすれば、一般的に太宰の小説は「人間失格」などの「暗い」「ネガティブ」「弱さ」といったイメージが先行し、「ユーモア」「明るい」といったイメージを持つ作品が、あまり世の中に知られていないともいえるだろう。

ただ、太宰は先に登場した短篇「桜桃」の中で、次のように書いている。

私は、悲しい時に、かえって軽い楽しい物語の創造に努力する。自分では、もっとも、おいしい奉仕のつもりでいるのだが、人はそれに気づかず、太宰という作家も、このごろは軽薄である、面白さだけで読者を釣る、すこぶる安易、と私をさげすむ。

重要なのは「奉仕」ということだ。人を喜ばせたい。このことが念頭にあるのだろう。

23　太宰の真骨頂・饒舌体の極み「駈込み訴え」

先ほどの落語の話に戻る。太宰の真骨頂ともいえる饒舌体の白眉が「駈込み訴え」だろう。落語の影響を受けたといっていい。これこそ声に出して読んでもらいたい短篇小説だ。冒頭を引用しよう。

申し上げます。申し上げます。旦那さま。あの人は、酷い。酷い。はい。厭な奴です。悪い人です。ああ。我慢ならない。生かして置けねえ。

これだけで忙しなさが伝わってくる。スピード感とリズム、まさに音読に相応しい。

読み進めていけば徐々にわかってくるのだが、イエス・キリストに関する話である。キリスト教や聖書についてあまり詳しくないという人でも、なんとなく読んだり聞いたりしたことのある場面が言及されている。

作品の肝なのは、果たして誰が語っているのかということだが、これもなんとなくわかってくる。わかっていながら、ラストはとても切れ味がいい。太宰らしさ、というのが最後の一文にも表れている。

ちなみに、若手落語家・林家彦三《ひこざ》さんは、太宰の小説の落語化にチャレンジしている。風紋のファンでもあるようだ。

60代におすすめの太宰作品

地球図『新潮』一九三五（昭和一〇）年

ロオマン人のシロオテという宣教師の話。日本に渡ったシロオテは新井白石と対面する。淡々と描かれた短篇。

陰火『文藝雑誌』一九三六（昭和一一）年

「誕生」をはじめ四つの掌篇が収まっている。いずれも男女の物語であるが、女の不可解さを描いているようであり、男たちは手を焼いている。

満願『文筆』一九三八（昭和一三）年

患者の若い女性は肺を悪くし「辛棒」している。八月の終わり、医者から許しを得て飛ぶようにして歩いていった。美しい掌篇。

黄金風景『国民新聞』一九三九（昭和一四）年

子供時代にいじめていた女中のお慶の話。大人になりお慶が子供を連れて訪ねてくるが「私」は追い返してしまう。ラストにほろっとくる。

ア、秋『若草』一九三九（昭和一四）年

詩人が主人公ということもあり、全篇、詩といえよう。掌篇。

老ハイデルベルヒ『婦人畫報』一九四〇（昭和一五）年

作家の「私」が静岡・三島をドイツの都市ハイデルベルクになぞらえ追想する。実際に「アルト・ハイデルベルク」という戯曲がある。

盲人独笑『新風』一九四〇（昭和一五）年

箏曲家・葛原勾当について、彼の日記を題材にしている。日記本文はひらがな中心なので、少し読みにくい。

一燈『文藝世紀』一九四〇（昭和一五）年

大学の成績が悪いことで、「私」は兄から説教を食らう。その日は平成上皇が誕生した日だった。兄と外出し街の賑わいに触れ、兄がそっと目を拭う。

東京八景『文學界』一九四一（昭和一六）年

青春への訣別の辞として書かれた十年間の東京生活の記録。東京のあちらこちらが描かれており、地理好きのご年配にもいいだろう。

清貧譚『新潮』一九四一（昭和一六）年

向島に住む貧乏な才之助は菊の花が大層好きで、どこへでも苗を買い求めにいく。帰路、馬に乗った三郎という若い男と知り合い、菊の栽培の議論をしているうちに、三郎は姉と江戸に行き仕事を探すのだと述べた。才之助は空き家を姉弟に貸してやると、才之助と三郎の菊栽培の腕試しが始まった。原典は「聊齋志異」。

黄村先生言行録『文學界』一九四三（昭和一八）年

山椒魚に凝っている黄村先生の話。「私」が旅先で山椒魚を見つけ電報を打つと、先生はすぐにやって来て購入するという。ユーモラスな黄村先生の言行にクスクスしてしまう。

花吹雪『佳日』一九四三（昭和一八）年

黄村先生もの。弟子たちに武術の重要性を説く。森鷗外は腕力のある男だったという逸話が登場する。

不審庵『文藝世紀』一九四三（昭和一八）年

黄村先生もの。冒頭は手紙なので読みにくいかもしれない。茶道に目覚めた黄村先生から茶会の招きを受けた「私」は、事前に作法などを本で学び出席する。ユーモラスで、くすくす笑ってしまう。

右大臣実朝／書き下ろし／一九四三（昭和一八）年

死後二十年、お付きの者が源実朝について語る構成。実朝の台詞だけは漢字とカタカナで表記されており、実朝のたおやかさや幽玄さを演出しているかのよう。「アカルサハ、ホロビノ姿デアロウカ」の一節が有名。

津軽／書き下ろし／一九四四（昭和一九）年

太宰の故郷・津軽を旅する模様を描いた紀行文といわれるが、やはり小説として読むべきだろう。ラストの乳母たけとの再会は涙なくしては読めない。あらかじめ太宰の人生の概観をさらっておくと、より楽しめる。

竹青『文藝』一九四五（昭和二〇）年

魚容という書生は伯父の勧めで醜女を娶る。嫁を殴り家を出るも試験に落第する。呉王廟で居眠りすると、夢の中で黒い烏になっており、雌烏の竹青と出会う。後日、人間の姿の竹青と再会し故郷を捨てるが…。ラストが二転三転するのがおもしろい。「聊斎志異」が原典。

惜別／書き下ろし／一九四五（昭和二〇）年

仙台時代の中国人作家・魯迅（周樹人）の同級生だったという老医師・田中卓の手記。魯迅と二人の師・藤野先生の思い出が語られる。入学時、二人だけが制帽を被っていなかったなど、細かい友情の証が綴られ清々しい。太宰には珍しく関西弁を話す人物（藤野先生）が登場する。

十五年間『文化展望』一九四六（昭和二一）年

「東京八景」に続き、東京での十五年間の暮らしを振り返る。サロン芸術、サロン思想への批判が綴られる。

庭『新小説』一九四六（昭和二一）年

戦後、疎開先の生家で長兄と庭で草むしりをしている。千利休について互いの意見を交わす。淡々としていながらも、どこか清々しい。

やんぬる哉『月刊読売』一九四六（昭和二一）年

疎開先の津軽で中学の同級生という医師の家でリンゴ酒などを振る舞われる。一方的な話を聞いて帰ろうとすると……。オチがいい。

苦悩の年鑑『新文藝』一九四六（昭和二一）年

「思ひ出」についての回想を機に、世の中の思想の変化を追想する。

男女同権『改造』一九四六（昭和二一）年

老詩人が男女同権と題した講演を行っている。弟ばかりを可愛がった母親をはじめ、女の人に無慈悲に扱われたエピソードを語る。

24　過去を振り返り始める六十代におすすめ　「東京八景」「十五年間」「津軽」

先ほども触れたが、太宰の小説は私小説が多いので、自身の過去を振り返っているものが多い。六十代の方は定年を迎え、ほっと息をついていることだろう。そのとき、自身の半生を振り返ってみる機会が、きっとあると思う。そのような気分のときに、太宰文学を読むなら、「東京八景」「十五年間」「津軽」がおすすめだ。これらの作品は一様に評価が高い。

まずは「東京八景」、続いて「十五年間」から引用する。

東京八景。私は、いまの此の期間にこそ、それを書くべきであると思った。いまは、差し迫った約束の仕事も無い。百円以上の余裕もある。

私はもう十五年間も故郷から離れていたのだが、故郷はべつだん変っていない。そうしてまた、その故郷の野原を歩きまわっている私も、ただの津軽人である。十五年間も東京で暮していながら、一向に都会人らしく無いのである。

「津軽」は、ある意味で、太宰の半生の振り返りの集大成ともいえる。故郷・青森への里帰りについて書かれている。

太宰ファンにとってみると、「津軽」は実に感動の作品だ。理由は、ラストシーンにある。あまりネタバレというか、読書の興を削ぐようなことはしたくない。けれど「津軽」の場合、ラストシーンを知っていても、普通に感動する。「よっ！　待ってました」という感じにもなる。実際、僕もラストを知った上で読んだ。アガサ・クリスティの「オリエント急行殺人事件」「アクロイド殺し」みたいなものだ。

ただ、「津軽」を読む上で、太宰の先行作品（「思ひ出」がおすすめ）は多少なりとも読んでおく方が、よりいいかもしれない。ラストは、太宰の乳母たけに会いに行くという筋になっているからだ。このシーンは、本当にいい。とても抑制されていて。なんでも書き切ればいいというわけではないことを、「津軽」から学ぶ。

もちろん小説である以上、実際の再会の場面についてはわからない。フィクションも含まれている以上、簡単に紀行文とは言えない。

25　重くない、ユーモアがいいという六十代　「黄村先生」シリーズ

三作品しかないが、「黄村《こうそん》先生」シリーズというものがある。「黄村先生言行録」「花吹雪」「不審庵」に登場する。

黄村先生の弟子が筆録しているという構成になっているのだが、実に黄村先生がユーモラスでいい。わかりやすいほど、滑稽なほど〝似非風流人〟といったところだが、本人が実に真面目な言動をするから、余計におもしろい。

「黄村先生言行録」が黄村先生初登場の短篇だ。黄村先生はこのところ山椒魚に夢中である。弟子が旅先で山椒魚を見かけたと知り、飛んでやってきて、購入したいと飼い主に嘆願するのだが、けんもほろろに断られる。弟子は本作の末尾に、こう書いている。

とにかく黄村先生は、ご自分で大いなる失敗を演じて、そうしてその失敗を私たちへの教訓の材料になさるお方のようでもある。

「花吹雪」「不審庵」といった続篇も、黄村先生は読者を大いに楽しませてくれる。太宰の作品の中で、太宰らしき人物が登場することは多々あるが、それ以外の人物が数回登場することは珍しい。太宰も余程気に入っていたのかもしれない。

「新釈諸国噺」「お伽草紙」にも当てはまるが、太宰にはユーモラスな作品が実に多い。「人間失格」「斜陽」などの対極にあるといってもいい作品群だ。

70代以降におすすめの太宰作品

最後の太閤『校友会誌』一九二五（大正一四）年
太閤秀吉の晩床のシーン。自身の生涯をダイジェストで振り返る掌篇。

地図『蜃気楼』一九二五（大正一四）年
琉球の名主・謝源は石垣島を征服し、宴を挙げご機嫌であった。二人のオランダ人が祝いにやってきて地図を渡すと……

針医の圭樹『蜃気楼』一九二六（大正一五、昭和元）年
嫌われ者の圭樹は主人・多右エ門の病気が気がかり。病が癒え温泉地へと二人出かける。火事に襲われ、利己的な圭樹の取った行動は……

哄笑に至る『蜃気楼』一九二六（大正一五、昭和元）年

権太という人物に関する掌篇。おもしろエピソードを持つ、人の良さそうな権太が大人になり……。

モナコ小景『蜃気楼』一九二六（大正一五、昭和元）年

私とフリッツという男の話。散文詩のような構成となっている。

怪談『蜃気楼』一九二六（大正一五、昭和元）年

マントと弁当箱に関する怪談。ただ、現代で言う怪談といった趣きはない。

掌劇名君『蜃気楼』一九二七（昭和二）年

戯曲。少し精神的に難のある殿様が妖婦と対面する。家臣たちは心配しているが……。

股をくぐる『細胞文藝』一九二八（昭和三）年

若き韓信の屈辱の出来事を描いた短篇。心理がしっかり描き込まれていて密度が高い。

鈴打『弘高新聞』一九二九（昭和四）年

噺家のように、太鼓持の男が若旦那に語る掌篇。二、三ページしかないので、あっさり読める。

哀蚊『弘高新聞』一九二九（昭和四）年

自身のお婆様のエピソードを物語る女性独白体。何とも言いがたい哀れが込められている掌篇。

虎徹宵話『校友会雑誌』一九二九（昭和四）年

倒幕後、新選組を名乗る男は、惚れている女・おせいに新選組の愚痴を聞かせる。だが、その男は……。掌篇。

学生群『座標』一九三〇（昭和五）年

P高校の校友会費二〇〇円が盗まれたことに端を発し、校内が二分する。その後の太宰の創作の歩みを鑑みると〝らしさ〟は感じられない、ある意味では貴重な短篇小説。学生運動時代を経た方は懐かしさを感じるかもしれない。

列車『サンデー東奥』一九三三（昭和八）年

汐田はテツさんを国元に帰すことにした。「私」と妻はテツさんを見送りに出かける。見送る側、見送られる側の様子が滑稽に描かれている掌篇。太宰治名義の文壇処女作。

魚服記『海豹』一九三三（昭和八）年

山奥で父と娘が孤立して暮らす。幻想的な寓話風でありながら、現実感をもまとう太宰初期の名作。風紋の林聖子さんは一番好きな小説と、生前語っていた。

思ひ出『海豹』一九三三（昭和八）年

幼少期からの叔母や乳母たけとの日々を追想している。父との万年筆のエピソードなど、誰もが経験したことのある甘くて苦い思い出が詰まっている。

ロマネスク『青い花』創刊号／一九三四（昭和九）年

庄屋の阿呆様と揶揄された太郎が仙術を身につけたが……。「仙術太郎」など三つの掌篇が含まれている。ユーモアに富んでおり、後年の「新釈諸国噺」を彷彿させる。

雀こ『作品』一九三五（昭和一〇）年

津軽弁で書かれた童謡のよう。「はないちもんめ」と似ている。童心に帰ったような気持ちで。

猿ケ島『文學界』一九三五（昭和一〇）年

島に渡りついた「私」による語り。太宰には珍しく情景描写が多い。語りのレトリックが秀逸。

おしゃれ童子『婦人畫報』一九三九（昭和一四）年
へんてこな服装にこだわる。どういう格好なのかを想像しながら読むと笑えてくる。年配の方のほうがイメージしやすいか。

待つ『女性』一九四二（昭和一七）年
誰ともわからぬ人を駅のベンチで待つ二十歳の「私」。時代や年齢問わず、誰もが抱いたことがあるような期待感、不安感が巧みに描かれた掌篇。

親という二字『新風』一九四六（昭和二一）年
字が書けない爺さんに郵便局で会った。代筆を頼まれているうちに、亡くなった末娘の話となる。太宰らしい好篇。

貨幣『婦人朝日』一九四六（昭和二一）年
百円紙幣が「私」という一人称。ある大尉に渡ったのち、最後は小料理屋の女の赤ん坊の背に収まる。

たずねびと『東北文學』一九四六（昭和二一）年
掲載誌を通して、ある女性を捜しているという設定。「お嬢さん。あの時は、たすかりました。あの時の乞食は私です。」青森疎開の際、汽車での出来事が語られる。

26　七十代以降には掌篇作品がおすすめ

太宰は生涯の中で、長篇小説をそれほど書いていない。多くが短篇小説で、文庫でいうと数ページしかない掌篇も多かったりする。

七十代以降の方の中には、読書を長く続けることがしんどいという方もいるだろう。でも太宰文学を読んでみたい、という方もいるだろうから、まずは掌篇から入ってみるといい。

太宰は学生時代に同人誌などで太宰治とは別名義で作品を発表していたことがある。習作時代の作品なので、むしろ太宰らしさがないものもある。まだ身辺から題材を得ていない作品もあり、意外と歴史などを書いていたりする。それにどれも長くはないので、年配の方には楽しめるのではないか。

27　幼少期の思い出は忘れない　「思ひ出」「魚服記」

年齢が上がると、人の名前や約束、直近の出来事を忘れることが多くなるだろう。しかし、人というのは不思議なもので、幼少期の思い出は案外忘れないという。太宰の場合は四十路前で亡くなっているので何とも言えないが、ずっと幼少期のことは思い出として頭に残っていたようだ。

先ほど「津軽」のクライマックスに、乳母たけとの感動の再会シーンが描かれていると紹介した。太宰には育ての母が二人おり、そのうちの一人がたけ、もう一人が叔母のきえである。太宰の初期の短篇「思ひ出」には、この二人の母の思い出が描かれている。

> 私は叔母とふたりで私の村から二里ほどはなれた或る村の親類の家へ行き、そこで見た瀧を忘れない。瀧は村にちかい山の中にあった。青々と苔の生えた崖から幅の広い瀧がしろく落ちていた。

「思ひ出」の語り手は父と母のことは覚えていないが、この叔母のことをよく覚えている。

私がたけという女中から本を読むことを教えられ二人で様々の本を読み合った。たけは私の教育に夢中であった。

たけに連れられて幼少の太宰は、近くの雲祥寺の地獄絵図を見ている。きえと一緒に見た滝、たけと一緒に見た地獄絵図。殊に印象的だった光景というのは、きっといつまでも心の中に温かい記憶として残るのだろう。ご高齢の読者の皆さんにもあるはずだ。

太宰初期の短篇の傑作の一つが「魚服記」だ。なんとも幻想的な小説で、まるで童話を読んでいるような気分になってくる。いわゆる変身譚という内容のため寓話的である。どこか泉鏡花の作品を彷彿させる。

スワという少女と父親は東北の山奥で暮らしている。父と娘の会話は朴訥で、極めて口数が少ない。その緊張感もいい。

なぜこれが七十代以降の方におすすめなのかといえば、短いながらも太宰の才能の一端を感じるのに適していると思うからだ。「人間失格」や「斜陽」「津軽」などを長いということで避けているのであれば「魚服記」は短いのでちょうどいい。

第二部で登場する林聖子さんは太宰作品で、最も好きなのが「魚服記」と答えていた。年齢的にも七十代以降である。こういった作風に、どこか懐かしさを感じることもできるのではないだろうか。

28　未来の太宰読者はいるのか

年代ごとにおすすめの太宰作品を紹介してきたが、それ以降、つまり未来に太宰文学の読者はいるのだろうか。

よく言われることだが、太宰文学が嫌いな人の理由のひとつに挙げられるのが、弱さの押し付けである。人間誰しもが抱える弱さ、それを鏡で照らされ、思わず赤面してしまうような状況に晒される。それから目を背けたくなる。ならば、太宰を読まなければいいのだ。そういう発想になる。だが、それは危険な行為ともいえる。フィクションとはいえ、現実から目を背けることになるからだ。反対にこうも言える。僕ら太宰の愛読者も、別に現実から目を背けていないし、太宰の弱さから自己の弱さを読み取り、目を背けているわけでもない。そもそも太宰の弱さ、それを描いているから太宰を読むわけでもないのだ。だが、今後もそういった傾向が続くのかというと、そうではないかもしれない。

これからの日本社会は、ますます混迷と閉塞を深めるといえる。政治も経済も社会も教育も何もかもが、少しの明るい兆しもない。そして、人間力も落ちている。人々は、インターネット社会という現実社会とは別の社会における己の存在と立ち位置を求められることを余儀なくされ、疲れ切っている。それぞれの社会での自らの二面性とその両立に辟易し、嫌悪さえしている。

また、他者を信じられない以前に、他者を知ろうとしないし、自らをも匿名性において覆い隠す。さらに、自殺者は増え、様々な格差が広がり……問題は山積している。

では、僕らのまだ見ぬ世代の人たち、未来の太宰の読者は、太宰をどう捉えていくのか。安藤宏氏は大著『太宰治論』（東京大学出版会、二〇二一年）の中で、こう展望している。

以前の「無頼派」のイメージ――世の偽善や既成の権威に絶望的な反逆を試みる負の殉教者像――は、ネット社会のあらたな孤独の体現者へ、という形に変貌しつつあるかに見える。

太宰治はもはや必ずしも「無頼派」ではない。周囲の人間との距離やへだたりを言葉でいかにつくり出していくべきかという課題に、さまざまなヒントを与えてくれるのだ。

いよいよ太宰の言葉が、文学がマッチしていく時代が本格的に訪れるのかもしれない。

また、現代の若い世代は、とかくヴィジュアルというものに重きを置く。それはネットが一般的になり、たとえば、純文学であったとしても傾向は変わらず、「太宰治　画像」と検索すれば、あっという間に膨大な数の太宰の写真が見られる。それは映像技術が発達していなかった過去でさえ同じことで、特に若い女性の太宰愛読者は太宰の容姿に惹かれている人は多い。

比較して悪いとは思うが、三島はその点の受けはあまりよくない。彼の場合、さらに不幸なことに動画があり音源もある（彼の声は決して美しくない）。太宰は静止画だけだ。音声を複製したものが青森の小泊にあるが、ひょっとしたら、本物の音源があったとして、それを聴いた女性ファンは失望するかもしれない。

何が言いたいのかというと、現代においては、より総合的に物事が判断されやすく、それによって、その対象を愛好するかどうか選択されるということだ。

たとえば俳優などにしても、容姿や演技の評価に加え、日頃の発言や生活態度、プライベート（交際相手や結婚相手を含め）まで情報開示を求められ、あるいはネットを通して公開され、その判断材料とされる。総合的に判断された結果、演技がうまかったとしても、生活態度によっては減点材料となる。プライベートがわからないというミステリアスな良さは、案外伝わらない。知りたい欲求が勝る。

そういう意味では、太宰はバランスがいいといえる。知れることと知れないことのバランスが取れているのだ。

それでも太宰は不思議である。女性問題だけを見ても、多くが露見されているのに、嫌われもすれど好かれもする。結局はそういったことをも、太宰は小説の材料にしているので、愛読者にとっては織り込み済みということなのだろう。後出しではないので、それを含め読むか読まないかの判断は、ある程度事前に行える。

それを受け入れてしまえば、実際、太宰が何度自殺未遂しようが愛人がいようが、あまり気にはならない。なぜなら太宰はもう故人であり、それ以上判断材料は増えないからだ。

今後、価値観がどう変わるかはわからない。太宰が書いていることを、まったく理解できないという人も出てくるかもしれない。太宰文学は時代が下がれば、当然古典文学となっていく。言葉も変わってくるし、読みにくいと感じる人も増えるだろう。

29　共感の有無は文学の質の良し悪しには関係ない

昨今、太宰に限らず、小説の読み手は「共感」を求めている人が多いと聞く。それは作者に対してでもあり、登場人物に対してでもある。ただ、登場人物に「共感」を求める場合、「共感したい」というより「共感されたい」方の欲求が強いのではないだろうか。

例えば、太宰の「人間失格」の主人公・大庭葉蔵に共感したい。共感することで、自分と同じような人がいるのだと、自己と同化させる。昔からこのような読まれ方で、「人間失格」は人気を得てきたと思う。

だが、昨今は大庭葉蔵に、太宰治に共感されたい。もっと言えば、自分を認めてもらいたい。承認欲求に近いといえるだろう。

通常の読書の場合、登場人物の台詞や考え方、思想に対して「ああ、わかるわかる！」と受動的に共感する。かたや承認欲求の強い昨今の読者は、登場人物の台詞などに対して、「あなたにはこう言ってほしい。こう言ってくれれば、私のことを認めてくれることになるのだから」という期待感というか、要求がある気がするのだ。

そういうニーズは何も小説に限らず、漫画やテレビドラマ、映画、ゲームにも波及している。よく目にするのは、「Sという人物が本当に嫌で嫌でしょうがなかった」「なんであんな奴を登場させたのだろう」などのレビューだ。アマゾンしかり、ブログやSNS、レビューサイトなどで散見される。

このニーズは結構、怖い。小説などに、そういったニーズに応えるべく人物だけが登場してしまう恐れがあるからだ。この延長線上には実世界、つまりリアルな社会、コミュニティが存在する。自分の周囲の人間も、自分の気に入った人物、承認欲求を満たしてくれる人間だけであってほしいという願望が生じる。しかし、現実はそうはならない。様々な意見、考え方、思想を持つ人間で溢れているからだ。

反対に言えば、そういう社会、コミュニティに自分がいるから、せめてフィクションの中に出てくる人物だけは、自分の望み通りの人物だけにしてほしいと願うのかもしれない。

だが、仮にそうなったとしてだ。小説などの質が良くなるのかというと、話は別だ。受けは良くなるかもしれない。レビューも星マークがたくさんつくかもしれない。でも、質の担保は保証されない。

未来の読者が「人間失格」を読んだとき、大庭葉蔵に何の共感も得られないとしたら、「こんな小説、何がいいんだ！」という意見は増えるかもしれない。だが、そのことと「人間失格」という作品の質を同じレベルで語ってはならない。共感を求めることは、いわば感情である。感情で質を判断してはならない。

30 皆が持っている「私の太宰治」

ただ、太宰が書いているのは（というより、多くの作家がそうだが）、極論で言えば、人間だ。きっとこの先の未来の人たちにも、太宰文学は心に引っかかり、響くものだと思いたい。

希望的観測を言えば、これからは太宰文学が欲せられる社会になるのかもしれない。太宰を卒業するどころか、何歳になっても太宰文学がなくてはならない。太宰文学からしか、本当の人間を感じられなくなる——人間とはこういう考え方、感じ方をするものだろうか、といった感想を抱くことになる。そういう人間が増えるかもしれない。それを社会・人間力の低下というのだろうか。相対的に太宰の文学価値が高まるということではない気がする。それこそ本当に恐ろしいことだ。

公言するかどうか別として、「私の太宰治」というものを持っている人が多い。もちろん、一般の愛読者もそうだろうし、それは特に太宰の場合に限らない。しかし、同業の作家――太宰の同時代、後輩、現代をひっくるめて――や評論家、知識人においても、「私の～」を持っているというのは、案外珍しいことである。それは、太宰がそれだけ多くの人に影響を与えているからともいえるが、考えさせられる機会が多いからともいえる。

この「私の太宰治」というのは他者と共感できる部分と、共感できないというより共感したくない部分がある。「君」「諸君」と呼びかける太宰を、愛読者は一瞬だけでも独り占めしたくなる。その一瞬が宝石みたいに癖になって、新たな一瞬を、新たな「私の太宰治」を、つい探そうと頁を繰る。

太宰の場合、何かと機会があるごとに（生誕・没後何年など節目のとき）、様々な媒体で特集が組まれ、時の流行作家や権威が原稿やインタビューを求められる。そのとき、太宰が好きだろうが嫌いだろうが、改めて太宰を読み返し、「私の太宰治」を考えなければならなくなる。だから、「私の太宰治」というのは表に出ることが多く、その分、「私の太宰治」は一般にも拡散する。

そのため、太宰文学というのは、ある程度の割合で、一般の読者においても、また、太宰文学を読んでこなかった人や世代にとっても、何かのきっかけで読む機会が与えられる。たとえば、第一五三回芥川賞を「火花」で受賞した又吉直樹氏。又吉氏は太宰の愛読者であることを公言し、実際、その影響によりネット社会でも太宰のことが広く取り上げられているのは周知のとおりだ。

太宰は、一定のサイクルで新聞やテレビなどのメディアで話題になることが多い、稀有な小説家だ。それも、現代作家ではなく、百年も前に生まれた小説家なのだ。将来、その傾向がどうなるかは不明ではあるが、新たな世代が太宰を読むことで、それがまた低迷する社会下であれば、太宰を愛読することが常態化——潜伏といってもいいかもしれない——することになる。それは別の言葉でいえば、太宰を初めて手にしてから、生涯太宰を手放すことがなくなる、ということになる。

常に差異はあり、変化がある。たとえば、「人間失格」が好きだったのに、そのうち「津軽」が好きになる。「新釈諸国噺」が好きになる。「人間失格」が遠い存在となる。その自分を許せない。受け入れられない。そういうこともあるだろう。

これも恐ろしいことに違いない。太宰をはしかだと気づいてしまった後ろ暗さを覚える人からみたら、それさえ羨ましい悩みかもしれないが、当人はそうは思えない。

一方で「人間失格」を愛読し続けられることも、恐ろしいことだ。絶えず自意識と闘い、それを過敏に背負い、社会で生きていく。想像するだけで困難だ。一般企業の人間社会で生きていけるのか。それも、社会が閉塞していけば、そうでなくなるのかもしれない。そうなることがいいことなのか悪いことなのか、何とも判断がつかないが。

31　愛されるより仕方ない太宰治

結局、僕らが目にする太宰の評論や評伝は——本書すらそうだ——、作者の主観によるものが多い。なかには妄想といえるものさえある。ならば、太宰が書き残したもの——幸いというか、音源も映像もない——本当に書き残したものでしか、太宰の文学や太宰を知ることも判断することもできない。

太宰が四十代を生きたら、どういう作家になったのか。もはや想像の世界となり、立証しようもない。そうかといって追究することをやめてしまっていいのか。それは怠惰というものだ。

太宰はあのとき、死ぬべくして死んだ。そういう証言は多い。ある意味で、僕らの空想の妨げとなる。太宰には四十代を生きる未来などなかったのだ、と。太宰の人生は三十八までと定められていて、天寿を全うしたのだと。だから、僕らは太宰の未来を想像することを怠ってきた。そして、それが、自らが太宰の没年と同い年を迎えたときの狼狽となる。太宰を己の心と肉体から剥ぎ取りたいような衝動へと駆らせる。

太宰の魅力は、フィクションをフィクションと見せない、その意図を極力薄めてしまうところにある。人は作為があるものに対しては興醒めするものだ。太宰文学はあまり感じさせない。太宰最大の天分かもしれない。

世の年配の男性たちが歴史小説を読み、同じ年代の女性が恋愛小説や推理小説を読むのは、反対にその作為、完全なるフィクションに浸りたいからだろう。太宰と真逆ともいえる。それならば、僕自身も五十代、六十代となると、歴史小説を読むようになるのか(実際、歴史もミステリーも好きだが)。

太宰の小説は、その使われている言葉の数々に、代用は存在しない。なぜなら、太宰が書いているのは物語ではないからだ。さっきも言ったが人間を書いている。太宰はほとんど風景を書かなかった作家である。とことん人間、自己にしか関心がなかった。「如是我聞」(『新潮』昭和二十三年三〜七月号)にこのような件がある。

若いものの言い分を聞いてくれ！　そうして、考えてくれ！　私が、こんな如是我聞などという拙文をしたためるのは、気が狂っているからでもなく、思いあがっているからでもなく、人におだてられたからでもなく、況んや人気どりなどではないのである。本気なのである。（中略）いのちがけで事を行うのは罪なりや。そうして、手を抜いてごまかして、安楽な家庭生活を目ざしている仕事をするのは、善なりや。おまえたちは、私たちの苦悩について、少しでも考えてみてくれたことがあるだろうか。

これは、太宰の担当編集者だった野平健一によると、口述筆記だったという。メモみたいなものを読みつつ、太宰は野平に語って聞かせた。当時、文壇の神様といわれた志賀直哉に噛み付いたということで有名だ。発表後まもなく自死したため、目の前に立ちはだかる志賀の前に太宰が敗北した、という読み方をする人もいる。

若者の大人に対する反発は、どの時代にもある。あって当然のことだ。若者の苦悩を大人は理解しない、というより目を瞑る。

先に安藤氏の文章を引用したが、確かに太宰はもう「無頼派」ではないのかもしれない。これからは、太宰文学はバイブルになるのかもしれない。そもそも僕はあらゆるビジネスパーソンは、ドラッカーではなく太宰を読むべきだと直感している。ドラッカーが言っていることの多くは、ひっくるめると人間のことであり、太宰文学を読んでいる者からすると、当たり前過ぎて、果たして世のビジネスパーソンは何を学び、どういう人間社会を生きてきたのか、と呆れるくらいだ（暴論ではあるが、いつかこのことも論じてみたい、機会があれば）。

太宰が亡くなって、すでに七十年余り経っている。その間、少なくとも純文学において、太宰ほどの愛読者が誕生したかというと、村上春樹氏くらいだろうか。

ただ、村上氏はまだ存命で、果たしてその死後も何十年に亘って読まれるのかはわからない。それに、桜桃忌のように、愛読者が何百人と命日に墓に押し寄せる小説家は、今後現れない気がする。夏目漱石も芥川龍之介も三島由紀夫も読まれるだろうし、文庫も売れるだろう。だが、太宰ほどの愛され方はしないのではないか。

そう考えると、日本の現代文学は、特に純文学は求心力を失っているのかもしれない。もちろん、太宰の生きていた時代と比べ、多くの娯楽が増え、文学自体の価値、存在感が問われている時代だ。ただ、それにしても、太宰がこうも読まれ続けていることは、不思議なことでもある。先に紹介した座談会で、武田泰淳がこんなことを言っている。


愛されるよりほかはないよ、彼は。（中略）もはやわれわれは自分の意識として愛される文学を書けないということでしょう。


確かに、太宰ほど愛されている小説家はいないかもしれない。だが、その分、僕ら太宰愛読者は太宰文学の立ち位置、存在価値について、これから危惧していかなくてはならない。それがどこまで大衆的となるのか――すでに大衆的となっているのだろうが――それを、愛読していることの自己の立ち位置、存在価値をも合わせ鏡のように危惧していかなくては生きていけない。

太宰の年齢を超えた僕のことでいえば、今後、太宰をどう理性的に、あるいは感情的に読んでいくのか、その配分が問われる。おそらく前者を求められていくわけなのだが、「人間失格」を読めなくなる存在にだけはなりたくない。太宰はしかを患うことなく、これまで生きてきた僕と同世代の太宰愛読者は共感してくれる人が多いような気がする。

僕は職業柄、太宰のことを実は好きではない、と〝告白〟してくる人とも出会う。けれどそのたび、僕は太宰を過剰に擁護するつもりもない。太宰はしかなどのこともわかっているし、他人の嗜好をとやかく言うつもりもないからだ。そのこと自体、すでに太宰はしかを患っている証拠だという人もいるかもしれない。だから、そう言われたら、

「いいえ、僕は太宰花粉症（万年病という意味で）を患っているのです」

と答えることが、今現在、何より正しいように思える。

今後、そういう太宰愛読者は増えていくだろう、とも付け加えて。

第二部　**文壇バー風紋青春記**

ここからは「はじめに」でも少し触れた、かつて東京・新宿にあった文壇バー「風紋」に関する思い出を綴っていこう。

1　風紋はまだ存在していた！

二〇〇一年五月、僕は大学四年生、太宰治の文学作品に登場する人物のモデルについて卒論を書こうとしていた。たまたま一年間だけ太宰研究で著名な安藤宏先生（東京大学大学院教授）が、うちの大学に講義にいらした。早速、安藤先生に相談すると、

「新宿に風紋というバーがあって、林聖子さんという方がママをしているから行ってみるといいよ」

と、おっしゃった。

林聖子さんは太宰治の短篇小説「メリイクリスマス」の登場人物「シヅエ子」のモデルとなった女性。

僕も取り上げるつもりでいた。

正直言って、風紋のことも知っていたけれど、とっくに潰れていると思っていた。まだあるのか。すぐに新宿駅に行って、タウンページを調べた。風紋……。あった！

電話するも誰も出ない。当然だ。昼間にバーは開いていない。

僕は今でも下戸だ。まったく酒を飲まない。しかも当時は大学生で、居酒屋はまだしもバーに行ったことなんてない。居ても立っても居られず、住所を参考にとにかく行ってみることにした。

風紋は新宿五丁目にあった。当時の伊勢丹クイーンズや花園饅頭に近い。医大通りを入ってすぐだ。JR新宿駅東口から歩くと徒歩十分強なので、新宿三丁目駅の方が近い。当時はグーグルマップなんてない。靖国通りの交番で道を尋ねた。

「ああ、花園神社の方だから、ここまっすぐ」

言われても土地勘がないからわからない。生返事で、また歩く。

その日は暑かった。迷いながら汗かいて、やっと風紋を見つけた。シャッターは閉まっている。あ、やっぱり潰れてる。ちょうど向かいの焼肉屋のおじさんが打ち水をしていた。

「すみません。ここはまだやってますか」

黒地に白抜きの風紋の看板を指差した。

「ああ、六時頃にね、おばあさんがやってくるよ」

おお、潰れてない！　おじさんに礼を言って、一度靖国通りまで戻る。交差点に電話ボックスがあった。一応、ハローページ（当時は個人の住所と電話番号も記載されていた）も見てみよう。「林聖子」

を探したら、あった！

聖子さんは三鷹に住んでいるものだと思っていた。太宰の晩年の街、「メリイクリスマス」の舞台でもあるからだ。冷静になれば、新宿にお店があるのだから当たり前。夜遅くまで営業すると三鷹には帰れない。

震える手で電話をかける。何回かコールされ、「はい。林です」とハスキーながらも通る女性の声が聞こえてきた。もっと嗄れた声だと思い込んでいた。意外と若い人なのか。でも太宰と親交があったんだぞ！　狼狽えながら自己紹介した。

「卒論で太宰を取り上げたいのです。お話しを伺ってもよろしいでしょうか」

「ええ、結構ですよ。そしたら七時頃、お店にいらしてくれますか」

夜まで、まだまだ時間がある。ドトールに入ってひと息つき、時間を潰そうとする。すぐに気づく。何も質問を考えていない……。時間潰しどころではない。何を聞こうか捻り出し、定刻通り風紋へ向かった。

2　太宰さんは私に死なないよ、と言ったの

風紋は一九六一（昭和三十六）年にオープンする。〝閉幕〟した際の店は三代目で、僕が初めて訪れたのも同じだ。

地下へ通ずる階段を下り、ドキドキしながら黒い扉を開く。一面黒のモダンな壁、抑えられた橙色の灯り。カウンターで立つ髭の男性が「いらっしゃいませ」と口にするものの、一瞬不審そうにギロっと

見る（聖子さんの息子・卓《たかし》さんだった）。

改めて用件を告げると男性の顔は綻び、「ママ！」と裏に声をかける。着物姿の女性が扉から出てくる。

「ああ、よくおいでくださいました」

単なる学生に頭を下げてくださり、名刺をいただく。初めての経験だった。

まだお客さんはおらず、奥のボックス席に座らせてもらった。カウンターの脇に本棚がある。目を凝らし、背表紙をざっと見やる。重々しい名前が連なっている。改めて背筋を伸ばしていると、聖子さんがお盆にビールをのせて持って来てくれた。

「どうぞ召し上がって」

「ありがとうございます」

僕は完全なる下戸だ。不勉強な人間なので、風紋に通いつつも、結局は酒飲みになれなかった。下戸の常連客は僕ぐらいだったのではないか。

この日のことは、いつまでも覚えている。胸の高鳴り、掌の汗、喉の渇き、いつだって鮮やかで瑞々しい。聖子さんは二時間くらい、僕の質問に応じてくれた。推測が入るが、聖子さんは太宰があのとき進んで玉川上水に入水したと思っていなかったようだ。

「私の母がこの頃の太宰さんは危ない。死んでしまう気がすると予感していました。その話をどこからか聞かれたようで、あるとき、太宰さんがおっしゃったの。聖子ちゃん、僕は死なないよ、あの子を残して」

あの子とは、太宰の長男・正樹のこと。聖子さんは、太宰の言葉は嘘ではないと確信していた。そんな太宰さんが自殺などするはずがないと。

あっという間に時間が経ち、礼を言ってお勘定をしようとすると、

「お代は結構ですよ。私の奢り」

聖子さんは、初めてとっつきやすい笑みを浮かべてくれた。

卒論が完成したら、また来ます、と約束し帰路につく。興奮でどう新宿駅まで歩いたのかわからない。太宰と親交のあった人と話せた。間違いなく、僕は聖子さんの背後に、言葉に、太宰を思い浮かべていた。

3　風紋開店四十年パーティー

太宰治の卒論は、決していい内容には仕上がらなかった。聖子さんのお母さん・秋田富子は太宰と親交があり、「メリイクリスマス」の他に、「水仙」「きりぎりす」などの登場人物のモデルにもなったのでは、と言われている。実際、どちらも絵に関連する内容だ。聖子さんの父・林倭衛はアナキスト・大杉栄の肖像画《出獄の日のＯ氏》を描いた洋画家だった。

僕は秋田富子をはじめ、「女生徒」の題材となる日記を書いた有明淑、「斜陽」の原典「斜陽日記」を書いた太田静子などをモデル論として取り扱った。でも、それだけのことだった。二〇〇二年三月、無事卒業。

時間は少し遡る。大学の卒論執筆、卒業、大学院受験と並行し、僕の風紋通いがいよいよ始まった。

まずは卒論完成間近、二〇〇一年十二月のこと。自宅に一枚の葉書が届いた。風紋からだった。開店四十年のパーティーをやるから、どうぞ、というご案内。単純に嬉しくなって、ぜひ行こうと決めた。地図を読めないし、酒を飲む習慣がないから夜の新宿とは縁がない。風紋の場所がまだはっきりとしていない。ランドマークは伊勢丹クイーンズ、花園饅頭、ローソン。花園神社も近いけれど、うろ覚えだとゴールデン街の方に行ってしまう。風紋はゴールデン街の少し外れにある。

なんとかローソンが見えてきて、医大通りに入る角を曲がるとすぐに風紋の看板が灯っている。シャッターは上がっていて、地下へ通じる穴が口を開けている。脇には祝い花が活けられてあった。立て札を見ると「猪瀬直樹」とある。一瞬、ひるんだ。

猪瀬さんは、太宰治没後五十年（一九九八年）のタイミングで『ピカレスク　太宰治伝』という太宰の評伝を刊行していた。僕は二〇〇一年の初夏、NHKのとある再放送番組を見ていた。それは「太宰治　死を人質に生きた男」という番組で、猪瀬さんがパーソナリティを務めていた。番組には太宰関係者が出演。もちろん聖子さんも出ていて、風紋で太宰の思い出を語っていた。他には小舘善四郎（太宰の義弟。洋画家）、野平健一、堤康久（兄の重久が太宰の弟子）といった方々。僕は食い入るように番組を観た。

風紋の階段を下りてゆく。前の黒い扉は薄く開いている。一歩一歩、赤い絨毯の敷かれた段差を踏みしめる。かつてこの階段で竹内好（中国文学者）がすっ転んで頭を強打、救急車騒ぎになった逸話がある。そのときはコンクリートが剥き出しで、以後、絨毯が敷かれたんだっけ、と思いながら。

徐々に店内の喧騒が、クレッシェンドしていく。わ、もうたくさんいる。大丈夫だろうか。思いつつも足は止まらない。扉の隙間に吸い寄せられ、体ごと扉に当たって、開いた。

ぎっしりと人が手にグラスを持ち、話している。輪を作って声を張り上げて。座っている人たちは体を寄せ合い、互いの顔を見られずに正面を向いたまま喋って笑っている。しばし呆然としていると、「南田さん」とカウンターから声がかかる。卓さんだった。にこやかに笑って手招きしている。人の間を縫って、カウンターに近づく。

「よく来たね」

「お誘いありがとうございます」

「はい、関所でーす」

隣では、髪を結んだ黒いジャケット、パンツ姿の男性だか女性だか区別のつかない人が、煙草を咥えて煙を燻らせている（のちに、えりこさんという女性だと知る）。どうやらお手伝いをしているらしく、ここで会費を払うようだ。

「ああ、いらっしゃい」

カウンターの奥から着物姿の聖子さんが出てきてくれた。

「今日はありがとうございます」

会費を払い、まだ下戸だとバレていない僕はビールを注いでもらい、カウンターを離れた。トイレに近い隅の壁に背をつけ、店内を見渡した。

橙色の灯りに、ふわっと煙草の煙が浮いている。きっと煙も行き場を失っているのだ。どっちに行こうかと煙同士がぶつかり合っているうちに、酔客の口から新たな煙が吐き出される。ずっと見ていると微睡んでくる。ここは本当に平成の新宿なのか。時が止まっているような気になる。

風紋から出されている『風紋25年』と『風紋30年アルバム』をひたすら読んで〝予習〟してきていた。特にアルバムは被写体の名前と顔を覚えるほどに。実際、この日、アルバムに写っていた人が何人かいた。

とても印象的だったのは、康芳夫さん。当時、僕は康さんが何をしている人なのか知らなかった。とにかく特徴的なお顔をしていて、迫力がある。思わずじっと見てしまった。

康さんは、ネッシー探検隊やアントニオ猪木vsモハメド・アリを実現させたプロデューサーとして知られる。普段、康さんが風紋にやってくるのは、何か宣伝材料があるときが多かった。たまたま居合わせたのが、そういうタイミングだったのかもしれない。「家畜人ヤプー」が漫画化されたときも、掲載誌を持ってきていた。

入り口に花があったように、遅れて猪瀬さんもやってきた。いつの間にか、ボックス席に座っており、隣を見たら野平健一さんがいる。僕は野平さんの存在に興奮した。

太宰ファンにとって、編集者というと、野平さん、野原一夫さんが二巨頭といえる。他にも筑摩書房の石井立がいるけれど、石井さんは早世してしまう。〝野野コンビ〟は、共に新潮社の編集者で同期だった。太宰の担当編集者として活躍し、野原さんはその後、出版社を転々とし『回想 太宰治』を代表する著作を残すが、一九九八年に亡くなっている。残念。お会いできなかったのだ。代わりに、未亡人にはよく風紋でお会いした。妖艶な雰囲気の大人しい、お洒落な夫人というのが印象。ぼそぼそとお話しされるが、僕にはこう言ってくれた。

「野原もあなたみたいな人と会えたら喜んでいたと思いますよ」

ずっと丁寧な言葉で話しかけてくれたことを、よく覚えている。

野平さんは、ある意味ギリギリ間に合った。いろいろ話を聞いてみたいが、熱心に猪瀬さんと話し込んでいる。さすがにお邪魔するわけにはいかない。だが、こういうときは猪突猛進すべきだったのかもしれない。僕が野平さんと会ったのは、これきりだったから。風紋に通っていれば、また野平さんに会えると、高を括っていた。野平さんは晩年、体を壊されてから、めったに風紋に来ることはなかったのだ。

空気に飲まれる。正にこのときの僕がそうだった。大学では、ほとんど同年代の人たちと話さない。僕は大学時、下北沢のコンビニでずっとアルバイトをしていて、そちらの方で友人などを増やしていた。でも、年長の人は少なかった。

パーティーといっても、ただひたすらに人がやってきて、去っていって、飲んで笑って喋ってを繰り返す。誰もが僕より遥かに年長の人たちで、二十代は僕だけといってよかった。

きっと僕は嫌いじゃなかったんだと思う。むしろ好きだったのだろう。下戸のくせに、酒飲みといることも苦痛ではない。シモキタ時代でも酒は飲まずとも、カラオケで最後までマイクを握っているのは僕ということもあり、酒の場は嫌いじゃない。今の若い人たちからしたら、正に昭和という空気感。時間が止まっているような空間。当時の僕でさえ、そう感じたのだ。すっかり魅了されていた。

「南田さん、ちょっと」

気づいたら聖子さんが隣に立っている。茫然としているだけで、ビールもほとんど減っていない僕を気遣ってくれたのだろう。帽子とコートを手にして、帰ろうとしている紳士のところに連れて行ってくれた。

「ああ、寺田さん、もうお帰り?」

「ええ」

穏やかな笑みを浮かべて聖子さんに軽く頭を下げる紳士は、僕をちらっと見た。

「こちら寺田博さん。ほら福武の『海燕』とか河出の『文藝』で編集長されてた方」

僕は息を飲み、頭を下げた。聖子さんは、僕のことを「太宰さんの卒論を書くために風紋に来てくださったの。小説家志望の人」と、紹介してくれた。

「ほう、そうでしたか。では今度読ませてください」

寺田さんは会釈して、黒い扉から出て行った。社交辞令だったのかもしれないが、小説家志望の若造にとって、これほど嬉しいことはない。

あとになって知ったことではあるが、寺田さんは「最後の純文学編集者」と呼ばれた方。島田雅彦さん、吉本ばななさん、小川洋子さんなど、今でも一線を走っている小説家を発掘した。中上健次の担当編集者をしており、どこぞの酒場でビール瓶を投げつけられ怪我を負ったという武勇伝もある。僕は、寺田さんの出していた書籍『昼間の酒宴』を古本屋で手に入れ、食い入るように読んだ。少し長いが、引用する。

　人にはそれぞれ才能があり、自己の才能を客観的に把握することが小説を書く資格のようなものだと私は考えているので、自己に鞭って自己のもてる未知の才能、可能性としての資質を発掘し把握する道程にこそ、関心をもたざるを得ない。つまり、私においては新人との出会いのキメテとなるのは、このような姿勢の持主であるかどうかという一点にかかっているように思われる。したがって、私は、一作だけを読んで才能を発見するようないわゆる眼ききになりたいと思ったことはなかった。


ああ、こういう編集者に小説を読んでもらえたら、と憧れた。

寺田さんが帰ったとき、時刻は十時を回っていた。聖子さんは奥のボックス席を指差す。

「あそこに座ってる人たちは皆さん、元筑摩の方たち。私の同僚だったの」

聖子さんは戦後、太宰の紹介で新潮社に入社、その後筑摩書房に移っている。当時は創業者・古田晁の時代で、ある意味、筑摩が綱渡り経営をしていた頃（でも、いい本を出していた）。聖子さんよりか年少とはいえ、お顔を見ると、皆さん高齢者といった雰囲気だった。

「あそこに混ぜてもらいなさいな」

聖子さんは声をかけて、席を空けてもらった。僕はこの日、初めて腰を下ろした。ビールのグラスはテーブルに紛れさせて、烏龍茶を飲むことにした。喉がからから、腹もぐうぐう。乾いてしまっている食べ物を箸で取ってぱくついた。

「へえ、君は太宰治で卒論書いたのか」

「そのために風紋に来たのね」

「そう。今は小説書いてるの。それなら送ってきなさいよ」

元筑摩の方々は男女織り交ぜ五人くらいいた。皆さんが僕に関心を寄せてくれる。峪《さこ》二葉さん、今井浄さんといった方々。今井さんは、

「君の目は輝いている」

と豪快に笑った。たぶん輝いていたと思う。これまでの人生で経験したことのない場にいる。何もかもが新鮮で、一気に大人の世界に引っ張り込まれた。

峪さんは〝ふうちゃん〟と呼ばれていて、魔女のような声をし、低い笑い声を発する人だった。千葉県松戸市の市議会議員を務めていたこともある。峪さんには後日、短篇小説を送ったら、ご丁寧なお手紙をいただいた。

峪さんの隣にひときわ小さな年配の女性が座っている。にこにこし、たまに煙草を吹かしている。でも品がいい。聖子さんがボックス席に近づいてきて、あれ、という顔をしている。

「なんだ。みよちゃん来てくれてたの」

「そうよ、セイコちゃん」

みよちゃんと呼ばれた女性は、いたずらっ子のように、くすくす笑った。

「南田さん、サザエさんわかるでしょ」

「ええ」

「みよちゃんはおフネさん」

僕がきょとんとした顔をしていると、

「こら、カツオ」

と、みよちゃんが言う。声がひときわ太く高く、通る。

みよちゃんは、おフネさんの声を担当していた声優・麻生美代子さんだった。どうやら聖子さんと麻生さん、峪さんは古い友人らしく、この席に紛れ込んでいたという。

「声優なのに煙草吸っていいんですか」

まだ呆気に取られていると、麻生さんは自分の吹き出した煙に顔を顰めた。

「大丈夫大丈夫。今日だって仕事してきたの」

いたずらっぽく笑っている。

「そうだ。あなた演劇とか興味ある?」

「あまり観たことないですけど興味あります」

「じゃあ、今度観に来てよ。楽屋も案内するから」

「はい行きます!」

その後、僕は何回か麻生さんの舞台を観に行った、時には聖子さんと。楽屋にもお邪魔させてもらったことがある。

パーティーは佳境を迎えていた。といっても、式次第があるわけではない。飲み足りない人は風紋を後にし、また夜の新宿へと消えていくだけだ。僕は十一時過ぎ、風紋を出た。初めて風紋を訪れた日もそうだったが、体が火照って仕方ない。あのときは五月だったけれど、今回は十二月。少しも寒くなかった。

4　君はいつか風紋のことを書くんだぞ

二〇〇二年十二月、大学院受験の手応えはないままに、一年が終わろうとしていた（大学院受験は見事失敗）。また、前年同様、風紋から葉書が届いた。今度は忘年会のお誘い。四十年パーティー以降、風紋に何回か行ったとは思う。ただ、あまりその頃の記憶がない。忘年会の会費は三千円。これが風紋の定番だった。

忘年会は平日の二日間に分かれて行われる。理由は、一日だけだと来られない人がいるから。聖子さんらしい心遣いだ。僕は確か最初の日に行った。

割と早い時間に着いたせいか、まだ多くの人が集まってはいなかった。六時くらい、始まってまもないくらいだ。とはいえ、風紋の忘年会などは「じゃあ始まります」といった挨拶などはない。普通にお店が六時頃開いて、お客さんが集まり始めたら、ぬらぬらと始まる。

記憶を辿っていくと、聖子さんが挨拶などの言葉を述べたことはほとんどない。僕が覚えている（居合わせた）限り、『風紋五十年』出版記念パーティー、風紋閉幕の会（共に後述）のときだけだ。まあ、それ以前の会では挨拶などしていたのかもしれないけれど。聖子さんは「恥ずかしいから」と言っていた。自身のお店なのに、聖子さんは表に立たない。いつも控えめに、お客さんを優先していたように思う。

〝関所〟で会費を支払い、空席があるから埋めようとした。奥のボックス席に、ハット帽を被った男性が一人、背を向けて飲んでいる。

「ああ、大野さん。こちらね……」

聖子さんがいつものように、僕を紹介してくれる。

「大野さんはノンフィクションを書かれているのよね」

「ええ、そうです」

振り返った男性は六十代くらい、目が細いけれど眼光の鋭い紳士だった。

「そちらに座らせていただいたら」

聖子さんは大野さんが座る席に、僕を誘導してくれた。

「君は卒論を書くために風紋に来たのか」

「はい。太宰治のことで聖子さんにお話を伺いたくて」

「そうか。感心だな」

大野さんは笑って、グラスを口元に当てた。

大野芳《かおる》さんは『伊藤博文暗殺事件』『山本五十六自決セリ』『吉田兼好とは誰だったのか』などを書いたノンフィクション作家。残念ながら二〇二二年五月に亡くなられた。このときは、大野さんと多くを話すことはなかった。

「何かあったら連絡したいから、電話番号を教えてくれないか」

まだ携帯電話を持っていなかったので自宅の番号を教えた。大野さんは僕に名刺を渡してくれた。

「ああ、大野さんじゃないですか」

「おお、これはこれは」

嗄れているけれど大きな声を発した人は、眼鏡をかけた白髪の男性、会社員のようにスーツにネクタイを締めている。その人は一瞬、僕に目を向け、不思議そうな顔をしていた。

「こちらは南田君といって、僕も今日初めて会ったんですよ」

「ああ、そうでしたか」

「こちらは松崎敏彌《としや》さんといって皇室記者……。あれ、君、さっき学習院出身と言ってたな」

「え、そうなの」

松崎さんは会費を払うなり、ボックス席に座り込んだ。

言わずと知れた学習院と皇室とのつながり。でも、僕はあくまで〝外様〟であって、大学から通っているにすぎないし、熱心に大学に通っていたわけでもない。挙句、交流も少なかった。

のちの話になるが、大野さんには学習院の「輔仁会雑誌」のバックナンバーを探してコピーしてくれないか、とお使いを頼まれたことがある。なにやら近衛文麿の修学旅行の感想文が必要だ、とのこと。大野さんには『近衛秀麿』という著作があるが、それを書くための資料のようだった。唯一、僕が学習院大学卒で役に立った出来事だ。

大野さんは途中で退席したので松崎さんの他に、大畑さんというとても人懐っこい方と談笑していた。僕が小説を書いているという話をしたら、松崎さんが真面目な顔になった。

「南田さん、名刺を作った方がいいよ。どこで誰に会うとも限らないから。名刺あれば小説の原稿渡して読んでもらったときも連絡できるだろ」

つい直前、大野さんに名刺をもらったばかりだ。なるほど、名刺とは会社員が持つだけのものではないのか。就職していない世間知らずは、そんなことも知らなかったのだ。

「どういう小説書いてるの」

大畑さんが聞いてくれた。

「そうですね、人間についてです」

「そりゃ小説なんだから、人間だろう」

大畑さんは大笑いしていた。が、僕は笑えなかった。確かにその通りだ。僕は人間を書いていると答えたけれど、どんな人間を書いているのか、書きたいのか。ただただ着想に従って書いているにすぎないのではないか。随分考えさせられた。

この日、他にも誰かと話したとは思う。でも記憶にない。時間はあっという間に過ぎた。気づいたら十二時近い。終電に間に合わない。聖子さんや卓さんと話していたら、松崎さんが、

「じゃあ、ここ出て違う店に行こう。朝までコースだ」

と豪快に笑った。

「いいね、行こう行こう」

大畑さんもにこやかに笑って、僕の肩を叩く。

「はい、お伴します」

飲めないくせに、僕は安請け合いした。

「じゃあ、松崎さんお願いしますね」

聖子さんと卓さんが笑いながら見送ってくれた。

下北沢でアルバイトをしていたとき、午前様ということはよくあった。だが、ほとんどはシモキタ近辺で、知人の家に泊まったりしていた。深夜の新宿は初めてだった。

松崎さんと大畑さんは、すっかり酔っている。千鳥足とまではいかないが。それにしても、皇室記者とはもっと堅い人が務めるものだと思っていたが、松崎さんは全然そうではない。構えることはなく、むしろ率直でとっつきやすい。酒が入ると、少しムキになるところもある。

二人に連れられたのは「あり」という店だった。将棋で有名な飲み屋で、いろいろな棋士のサインなどがあったと記憶する。松崎さんと大畑さんとカウンターで横並びになり、大畑さんはすぐに舟を漕ぎ始める。松崎さんは自身の仕事について、いろいろと話してくれた。

時間は三時頃になっていたか。そろそろ帰ろうという話になり、新宿でタクシーを拾った。一番近いのは松崎さん、次が僕、大畑さん。順繰り行ってくれるよう運転手に頼んだ。

大畑さんは相変わらず眠っていた。そろそろ松崎さんの家に着くという頃だったと思う。松崎さんが太宰以外だと、どういう作家を読むのかと聞いてきた。僕はロシア文学や織田作之助、坂口安吾などと答えたと思う。ふと、松崎さんが真剣な顔になった。だいぶ顔から赤みも抜けている。

「南田さん、あなたは将来、風紋のことを書くといい。この先、あなたは若いお客として風紋に通い続けるだろう。常連客はみんな、あなたよりだいぶ年長だ。だから風紋のことを書けないかもしれない。いろいろなことを見て、覚えておくんだ」

このようなことを話してくれた。その時の僕は、小説に強いこだわりを持っていた。小説以外は書きたくないな、と。けれど、今の今でも強烈に、このタクシーでの松崎さんの言葉は頭に残っている。

先の話になるが、二〇一二年、僕は『風紋五十年』を刊行した。出版記念パーティーの席で、松崎さんに話した。

「あのとき、松崎さんが『風紋のことを書け』と言ってくれたんです。今回は僕が書いたのではなく、聖子さんの本ですけど、一つその指令を果たしました」

松崎さんはにこやかに笑ってくれた。

今、こうして風紋のことを書いている。松崎さんは二〇一六年、亡くなられた。

5 啼鳥忌に紛れ込んだのは聖子さんの企み？

年が明けて二〇〇三年、本格的な風紋通いが始まる。

僕は毎週金曜、土曜と風紋に行くことになった。なぜその二日間なのか。金曜はやはりウイークエンドで仕事帰りに飲みに来る人が多い。月曜から木曜よりお客さんが増える。その分、いろいろな人に会える。土曜は平日と異なり、若干客層が変わるのだ。何かのイベントや出かけた帰りに風紋に寄る。平日には出かけない人が来ることがあり、珍しい人を見かけることがあった。後年は他の曜日にも行っていたが、当時は金曜と土曜で固定していた。

あるとき風紋に入りカウンターに座った。

「飲み物どうされます？」

聖子さんが聞いてくる側で、卓さんがにやにやしている。僕が口を開こうとした瞬間だった。

「南田君、お酒飲めないでしょ」

卓さんの唐突の指摘に、僕は苦笑いで応えた。

「ええ、実はまったく飲めないんです」

「ほらママ、言ったとおりでしょ」

「へえ、ほんとに飲めないの」

「はい……」

風紋に初めて来店した日、聖子さんがビールを出してくれた。緊張と暑さのせいもあって喉が渇いていた。バーに来て「下戸ですので」とは言いにくい。ビールの苦味に身を震わせながら飲み干した。その後も、ちびちび飲んでいるふりをしていたけれど、卓さんはしっかり観察していたのだ。

「無理して飲まなくていいのに」

「いや、酒場に来てお酒飲まないのも……」

「ちょっとずつ勉強していけばいいのよ」

お酒が飲めないことがバレて、ほっとした部分がある。体質的にアルコールを受け付けないこともあったが、単純に味が苦手だった。口の中で、しっかりとアルコールだけが分けられていく感覚がある。

この頃、よく来ていた常連さんで下戸の人がいた。東京四季出版の西井洋子さん（現代表取締役）だ。よく当時の社長の松尾正光さんといらしていた。西井さんは風紋に来ると、決まってホットコーヒーを飲んだ。しかも堂々とコーヒーを注文する。僕も西井さんがいると安心して便乗できる。卓さんも聖子さんも、

「南田さん、飲む？」

と必ず聞いてくれた。

その年の二月のある土曜日。僕はいつも通り、風紋の階段を下りていた。今日は誰が来るだろうと胸を躍らせ、もう慣れたもので気楽に扉を開けようとする。

開けた瞬間、店内の人たちが一斉にこちらを向いてきた。皆が神妙な顔つきで、腕を組んだり、黙っている。一人だけ男性が立って話しているところだった。

カウンターにいた聖子さんと目が合った。何かの特別な会合だったと気づく。聖子さんに目礼して、扉を閉めて引き返そうとする。聖子さんが素早く手招きするので、頭を低くしてカウンターに寄った。

男性のお話しは再開している。

「すみません。会があるって知らなくて」

「いいのいいの。南田さんもどうぞ。渋沢孝輔さんの偲ぶ会なの」

渋沢孝輔さんは詩人として、フランス文学研究者として知られる。でも、当時の僕にとって渋沢さんは〝パンツ事件〟の人だった。『風紋30年アルバム』に書かれている逸話がある。座談会形式となっており、少し長いがおもしろいので、振り返ってみる。

高橋　二回あるんですよ。教授（渋沢）が盗まれたのは西沢渓谷。それを取り戻したというか、盗みかえしたのが加仁湯です。
野原　なに、盗んだこともあったの？
（中略）

渋沢　まさか盗んだりはしないけれど、つまり、間違ってはいていかれたのは西沢でしたよ。食事の前に皆で風呂に入って、出ようとしたら一式なくなっていた。
高橋　教授のパンツを穿いちゃったんだから、間違えた方も迷惑な話だ。

翌日、そのパンツは出てきたという。しかし、捨ててきたらしい。


渋沢（前略）加仁湯だったかな。これはどうも僕が犯人だったらしい。

高橋　らしいじゃないでしょう。だって現行犯だもの。

渋沢（前略）なんか僕とほぼ同年代くらいのオジサンがね、ちょっとお客さん、なんか間違えてませんかっていうんだ。いや僕もおかしいとは思ったんだ。というのも、僕ははいてきていないステテコがついているんだ。

（中略）

渋沢（前略）だからお返ししますといったら、その男、パンツはいらないっていうんだ。本当に失礼なやつだったよ。


パンツを盗み、盗まれというエピソードがおもしろくて、渋沢さんのイメージは強烈だった。ちなみに「高橋」というのは、『東京人』編集長の高橋栄一さんのこと。「野原」は野原一夫さん。

カウンターのちょうどL字になっているところに、渋沢さんの遺影が飾られている。僕は聖子さんにボックス席の方に連れて行かれた。

「ごめんなさい。中村さん、少し詰めてくださる」

年配の体の大きい男性が席を空けてくれた。

「ありがとうございます」

横から、その中村さんの顔を見た。薄々わかってはいたが、詩人の中村稔さんだった。中村さんと聖子さんは随分古くからのお付き合いで、もちろん渋沢さんとも懇意にしていた。『風紋30年アルバム』でお顔は拝見していた。僕でも名前を知っているくらいの詩人。中村さんが窮屈にならないよう、身を縮めた。

そして、あとからわかったのだが、僕が入ってきたときに立って話をされていたのは、詩人の野村喜和夫さん。渋沢さんのお弟子さんだった。今でこそ、僕は詩を創作したり詩集をよく読むようになったが、当時は小説一本槍だった。すごい現場に紛れ込んだなとは頭でわかっていても、実感がなかった(詩人の松尾真由美さんも風紋のお客さんだった)。

その日は気づいていなかったが、のちに親しくさせてもらったお二人とも、この席が初対面だったようだ。

一人は粕谷一希さん。『中央公論』の元編集長で、『東京人』の創刊者。『二十歳にして心朽ちたり』など様々な著書を出し、評論家として活躍された。もちろん編集者としても有名で、塩野七生、庄司薫、永井陽之助、高坂正堯、萩原延寿、山崎正和といった人たちを発掘した。

もう一人は松本哉《はじめ》さん。この名前を聞くと、リサイクルショップ「素人の乱」の方を連想する人もいるだろうが、そのお父さん。松本さんは河出書房（当時）の元編集者で、幸田露伴や永井荷風、寺田寅彦の本を書いた作家。繊細なタッチの絵も描いた。親しくなってからの話になるが、松本さんは表紙がオレンジ色した不思議なノートを持っていた。どこのメーカーのノートなのかと聞くと、松本さんはニヤッと笑って、改めて表紙を見せてくる。「echo」とでかでかと書かれている。松本さんは愛飲していた煙草の「エコー」をカートンで買っては、そのパッケージを再利用してノートを作っていた。なんとも器用な人なのだ。

のちに粕谷さんに聞いたことがある。風紋のお客さんで印象が残っている人は、と。粕谷さんは「渋沢孝輔だよ」と即答した。粕谷さんにとって渋沢さんはよき友人といったところだろう。

松本さんにとって、渋沢さんは風紋の大先輩。僕はこの日、途中参加だったので見ていないが、献杯の音頭は松本さんがしたのではないか。風紋の乾杯と献杯の音頭は、なぜか松本さんが務めることが多かった。

偲ぶ会は粛々と進み、未亡人が挨拶したあと、皆が一言挨拶する流れとなった。飛び入り参加の僕は渋沢さんの詩集さえ読んでいない。焦って何か捻り出そうとしたが、正直でいるのが一番と思った。

「途中からお邪魔しました南田偵一といいます。風紋には卒論のため太宰治のことを取材しに伺い、まだ通い始めてまもなくです。渋沢さんのことは風紋の書籍でお名前をよく拝見していました。このような席に紛れることができて光栄です。渋沢さんの詩集は読んだことありません。これから買って読みます」

周囲から哄笑と失笑が聞こえた。実際、僕はのちに渋沢さんの詩集『啼鳥四季』を買って読んだ。やっぱり難しいなぁ、詩は、と当時感じ入った。ちなみに渋沢さんを偲ぶ会は「啼鳥忌」と呼ばれていた。

この日のことを振り返るたびに思うことがある。僕は前日も風紋に来ていたのだ。でも帰りしな、聖子さんに翌日は啼鳥忌だと聞いてはいなかった。土曜日に僕が来ることを知っていたはずなのに。きっと聖子さんは確信犯だったと思う。僕が今後風紋に通うに際し、当時の常連客や風紋の重鎮に会わせておこうと企図したのではないかと。

聖子さんが亡くなって、卓さんにこのことを話した。

「ママなら考えそうだね。南田君をみんなに会わせたんだろう」

翌年、今度は正式に啼鳥忌のご案内をいただいた。渋沢さんの詩集を読み、よくわからなかったので、詩を勉強します、と挨拶のとき述べた。

6　ムキになって朝まで麻雀

少し時が戻る。二〇〇二年の暮れだった。風紋の忘年会で知り合ったばかりの松崎敏彌さんから自宅に電話があった。

「先日はどうも」

「いえ、こちらこそタクシー代までありがとうございました」

「いや、いいんだよ。それより覚えていますか、麻雀の件」

「はい、もちろん」

忘年会のとき、松崎さんは聖子さんにしきりに麻雀をやりたいと訴えていた。

「でも面子がいないでしょう」

聖子さんがこぼすので、恐る恐る挙手した。

「あの、一応麻雀できますよ」

「おお！　南田君打てるのか！」

松崎さんは文字通りの破顔一笑。

「ぜひやろうよ、聖子さん。ほら、晒名《さらしな》さんも誘って」

晒名昇さんは、やはり筑摩書房の元編集者。『風紋25年』『風紋30年アルバム』の編集も担当し、古田晁の愛弟子といってもいい人ではないか。晒名さんも忘年会の席におり、耳に手を当てて、うんうんと頷いている。晒名さんは少し耳が遠いのだ。

こうして麻雀をやろう、という話になっていたのだが、それからすぐに松崎さんは、今一度風紋に行き、段取りをしてきたという。それで、僕に電話をくれたというわけだった。

「どうだろう。今度の金曜の夜、風紋の店仕舞いのあと、雀荘でやろうという話なんですがね」

「僕は構いませんよ。どうせ金曜は風紋に行きますから」

「じゃあ決定だね。いやあ、楽しみだ」

初めて麻雀をしたのは小学五年生のときだった。僕は東京・府中出身なのだが、市内に母方の祖父母が住んでいた。毎週土曜は決まって祖父母の家に行っていた。小学生低学年のときは、ドンジャラで遊んだ。そのうち、祖父が麻雀を教えてくれるようになった。

「麻雀を覚えると頭がよくなる」

府中には競馬場がある。父なども競馬をやっていたので、そちらの知識も早いうちから得ていた。というより、僕らの子供時代、小学生高学年ともなると、クラスの男子は競馬の話で夢中だった。オグリキャップの引退レース有馬記念はちょうど小六の頃、僕らは自身の父親に頼んで馬券を買ってもらっていた。僕はオサイチジョージという馬に賭け、見事外れた。

のちに、わずかな期間、聖子さんが競馬をしていたときがある。いけない遊びを風紋に持ち込んだのは、何を隠そう僕だった。聖子さんは一度、万馬券を取ったことがある。買い目は3－15。聖子さんのお孫さん・有人《ゆうじん》君の誕生日だった。

麻雀に話を戻そう。僕は同年代と比べたら麻雀は強かった。だが、大人の世界は違うだろう。風紋の関連本を読んでも、旅先で麻雀を打っていたという逸話が載っている。僕みたいな若造が、そうそう勝てないだろうと引き締めた。

当日、僕はいつも通り、開店直前に風紋にやってきた。この頃、もう学生ではないにもかかわらず、〝学割〟二千円で飲み食いさせてもらっていた（風紋はチャージが千五百円。もちろんチャージなんてシステムは知らなかった）。お酒は飲まない分、卓さんが料理の腕を披露してくれた。

よく作ってくれたのがパスタ、鶏雑炊、カレー。風紋というと、かつて檀一雄がよくカウンター内に入り込んで、勝手に冷蔵庫の食材を使い、ちゃちゃっと一品作って、お客に提供していたという逸話がある。いわゆる「檀流クッキング」。たまに、その中のレシピをアレンジしたものも出してくれていた。

僕は鶏雑炊とカレーがお気に入りで、しばらく毎週のように鶏雑炊を出してもらったことがある。塩、こしょうでシンプルに味付けされ、鶏の手羽先の出汁が白飯に染み込んでいる。胃にやさしく、いくらでも食べられた。実際、僕はよく食べる方で、出されたものはなんでも食べた。カレーは文芸評論家・坪内祐三さんのお気に入りで、本や雑誌などにも書いていた。卓さんはいろいろなカレーを作ったが、牛すじを入れた黒いカレーが特に評判だった。

けれど、たまに苦手なものがあった。僕は苦手なものは、何でも先に食べてしまう。すると、余程気に入ったのかと勘違いされ、

「おかわりいる？」

などと聞かれる。そのうち、下戸であることを見破った卓さんは、僕のこの癖も見破ってくれた。

「嫌いなものを目の前から消したいんでしょ」

「そうなんです」

だから、酒も出されたとき、さっさと飲んでしまう。

「お酒は酔いが回るから、気をつけないと」

たまに何かの会で、ワインや日本酒の差し入れがあり、皆に一杯ずつ振る舞われることがある。僕がすぐグラスを空けると、聖子さんは呆れながら、そう忠告してくれた。

当時の風紋は、二十代のお客というと、僕だけだった。三十代、四十代の常連もいなかったかもしれない。しかも僕は酒が飲めない。そんな人間がバーに通うのだから、変ではあった。

先に触れた西井洋子さんがいないとき、酒が飲めない僕は緑茶を飲んでいることが多かった。本当は炭酸飲料が飲みたかったのだが、学割で飲み食いさせてもらっている手前、頼みづらかったのだ。ある時期まで、僕は風紋で自ら注文をしたことがない。カウンターの端っこに座り、目の前に急須と湯呑み

が置いてある。後から入ってきたお客さんは面食らう。

「失礼だけど、あなたは何を飲んでるの」

よく聞かれた。急須にとんでもない珍酒が入っていると思ったのかもしれない。そのたび、苦笑いで「お茶です」と答えた。

奇特な若造がいる、ということで、たまにご馳走になることもあった。といってもお酒が飲めないから、嬉しさ半分だけれど、そういうときは断らず、ググッと飲む。

「飲みっぷりはいいんだけどねえ」

聖子さんはその都度、苦笑いを浮かべる。


九時頃、麻雀に参加する松崎さんと晒名さんも風紋にやってきた。松崎さんはそわそわして落ち着かない。

「あ、松崎さん、名刺作ってきました」

僕は思い出して、財布に入れていた名刺を皆に渡した。途端、松崎さんが大笑いした。

「南田さん、あなた、これは夜の女の人の名刺だよ」

「え！　そうなんですか」

見ると、聖子さんは悪戯っ子のように肩をすくめて、小さく笑った。

「角が丸いのは、そういう傾向が多いの」

まったく知らなかった！　角が丸い方が変わっていてお洒落かな、と思い、そうしてしまったのだ。

確かに世の中の名刺で角丸は見ない。似た形が多くてつまらないな、と思っていたのだが、それなりに理由があったのだ。僕は赤っ恥をかいたが、在庫がなくなるまで使い続けた。「角丸ですけど」と付け加えて。

十一時頃、聖子さんは店を卓さんに任せて、近くの雀荘に行くことになった。「朋友《ポンユウ》」という店だったと思う。僕が雀荘に行ったのは、このときが最初で最後だった。

麻雀に限らないだろうけれど、打ち手の性格がよく反映される。聖子さんは客商売をしているからか、自分が勝とうとするより、お客さんの誰かが勝てばいい、というような打ち方をしていた。麻雀自体を楽しんでいるともいえる。松崎さんは割とムキになるタイプで、早打ちだった。晒名さんは飄々としていて、いつの間にかあがっている。僕はというと、小説家になりたいと思っているくらいだから、博打タイプ。大きな手を狙いがちだ。

途中、聖子さんの携帯電話に着信があった。

「あら、清原さん（仮名）だわ」

ゆっくり通話ボタンを押し、話し始める。どうやら清原さんは、今日麻雀が行われることを知っていたようで、今から少し顔を出すという。

「清原さんは風紋で一番麻雀が強いの」

「へえ、色川さんじゃなかったんですか」

「そうでもなかったかなあ」

僕が聞いたのは、作家・色川武大のことだった。別名・阿佐田哲也として「麻雀放浪記」で有名だが、風紋にもよく来ていたという。

清原さんは風紋の常連で、この後も何度か登場する。晩年の風紋にとって欠かすことのできない方で、いろいろな幹事役を務めた。

実際、清原さんはすぐにやってきて、聖子さんの代わりに一局だけ打った。穏やかに晒名さんと松崎さんと言葉を交わしつつも、手が素早い。

たぶん三時間くらい打っただろうか。晒名さんが一人勝ちで、松崎さんと僕がどっこいどっこい、聖子さんが大きく負けた、という感じだ。

「もう一回やろう！」

松崎さんは終始悔しそうだった。

「じゃあ、私の家に移ります？」

「お、そうしよう」

「サラさん、勝ち逃げは許さないよ」

晒名さんは余裕綽々といった感じで笑っていた。

誰も反対はしない。朝まで打つつもりでいる。

風紋から聖子さんが住んでいるマンションは、さほど離れていない（当時、聖子さんは一人暮らし）。雀荘も近い距離だった。真夜中の新宿は思いのほか、静かだ。風紋があったのは新宿五丁目で、駅からはそこそこ離れている。ゴールデン街からも離れているし二丁目とも異なる。飲み屋がまったくないわけではなく、近くにはやはり文壇バーとして知られる「風花」があり、今では猫がいることで大にぎわいの喫茶「アルル」がある（当時、文壇バーともいえる「猫目」はまだなかった）。

僕らは車通りの少ない靖国通りを横切って歩いた。

「サラさん、危ないわよ」

晒名さんは耳が少し遠いのに加え、普段杖をついて歩いていた。聖子さんの呼びかけに、慌てて車道を横切ろうとし、杖をつくのも忘れている。

「なんだ、サラさん、杖なしで歩けるんじゃない」

聖子さんは口を尖らせて笑っていた。

もともと雀荘から聖子さん宅へ流れるのは、決まっていたのかもしれない、僕が知らなかっただけで。ちゃんと麻雀牌とテーブルが用意されていた。皆が席につくと、晒名さんが鞄からプラスチック容器を取り出した。

「昆布巻きを作ってきたんだ」

「あら、用意周到」

聖子さんが小皿を出して、取り分けてくれる。僕は昆布と納豆だけは、とても食えない。けれどせっかく作ってくれたものを断るわけにもいかず、目に涙を浮かべながら口にし、ほとんど噛まず飲み込んだ。この場に卓さんはいなかったから、僕が昆布を苦手だとはバレなかったと思う。

一番やる気になっていた松崎さんは場所が変わってから調子よく、結局、一位だった。晒名さん、僕、聖子さんと続いた。今度はそれほど差はなかった。

「いやあ、よかった。また今度やりましょうね」

松崎さんはご機嫌で、そのうち再戦しようと約束した。どうやらその後も麻雀はやっていたらしい。けれど僕は都合がつかず、これきりとなった。一回だけだったからか、この日のことはよく覚えている。

7 出版記念パーティーに参加

啼鳥忌に参加してまもなく、二〇〇三年初春、達筆のお手紙が届いた。送り主を見ると、微かに「大野芳」と読み取れる。前年の忘年会で会ったノンフィクション作家の大野さんだった。

用件は、大野さんの知人作家の出版記念パーティーが行われるから出席しないか、ということ。もし出席するなら、改めて案内状を送ってくれるというので返信することにした。

大野さんと会ってから『伊藤博文暗殺事件』という大野さんの著作を購入して、読了していた。そのことに加え、勇気を振り絞って自分の書いた小説を読んでもらえないか、と手紙に書いた。

数日後、大野さんから案内状が届き、ちょっとした手紙が添えられていた。

「こういう場合は『ご高読願えないでしょうか』などと書くべきだ」

名刺同様、赤っ恥をかくが、僕は「小説を拝読いただけませんか」と書いていたのだ。なんとも言葉遣いを知らない若造。それにしても、「高読」といった表現があることに驚いた。辞書には出てこない言葉だが、意味はわかる。その後、こういう文脈の際は、「高覧」を使わず「高読」を使うようになった。

肝心の小説の話だが、大野さんははっきりと断った。小説は読まない、と。少し落胆したものの、パーティーに参加するため、大野さんの知人作家の本を書店で購入し、当日までに読了した。書籍の内容は昭和史に関するものだった。元来、歴史は好きだったが、当時はなかなか近現代史に関心を持てなかった。でも大野さんの影響もあってか、その後いろいろな歴史関連の書籍を読むようになった。

パーティー会場のホテルが具体的にどこだったか覚えていない。都心の豪華なホテルだったのは覚えている。受付で会費一万円を払う。大人の世界はとかくお金がかかる。代わりというわけではないが、書籍をいただいた。なるほど、出版記念パーティーはその本をもらえるのか！　買わなくてもよかったとは思わなかった。事前に読むのは礼儀だろうと、僕なりに考えた結果だったから。

会場には次々と年配の男女が入ってくる。男性は皆スーツ、女性は派手な装いの人もいる。若いのは僕だけ。会場の隅でドリンクも食べ物も取らず、人間観察に必死だった。沖藤典子さん、保阪正康さんといった方々が登壇し、挨拶する。

「おお、来たね」

側に大野さんが立っていた。

「あ、この前はありがとうございました」

「なんだ、何も飲んでないのか。遠慮しないでいいのに」

言われて、やっとドリンクを取りに行った。烏龍茶を飲み、ようやく一息つく。

「出版記念パーティーって賑やかなんですね」

「君も社会勉強した方がいいと思って」

僕は角丸の名刺を差し出した。松崎さんに笑われたことを話すと、あとで松崎さんも来るということだった。

「はい、聞いています。お電話もらってましたから」

「あ、そうだったの」

松崎さんは今日のパーティーのことで、電話をくれていた。実はこの日、僕は終始そわそわしていたのだ、ある約束をしていたので。

「小説だけどね……」

大野さんは口元を一度歪めた。

「はい」

「悪く思わんでくれよ。僕は職業柄、よく頼まれるんだ、小説に限らずエッセイやらを読んでくれと。そのたび、がっかりさせられることが多くて、もう断ることにしているんだ」

「いえ、こちらこそ拝読とか書いてしまって……」

大野さんは笑って、その場を離れた。作家と自称する賑やかな女性に声をかけられたからだ。

「南田さん」

嗄れているけど太い声が背にかかる。松崎さんだった。

「楽しんでますか」

「さっきまで大野さんと話していました」

「ああ、そうだったの」

松崎さんは、会場の奥の方を指差した。

「あそこにいる人たち、あれが出版社の人たちだよ。社長と部長」

「ちゃんと原稿持ってきました」

僕は手にしているバッグをぽんぽんと叩いた。

「じゃあ紹介しよう」

「お願いします」

松崎さんは出版記念パーティーにはいろいろな出版関係者が来るから、原稿を持ってくるようにと指示してくれていた。当時、僕はまだ原稿用紙に手書きで書いていて、二百枚くらいの小説と五十枚くらいの短篇を持ってきていた。

「ああ、こんばんは。松崎さん」

「どうもお世話様」

松崎さんが声をかけたのは背の高い、髪をきっちりと横分けにした五十代くらいの男性だった。こちらがやまびこ出版（仮名）の部長で、側にいた小柄な方が社長だった。

「この人は小説を書いていて、もしよければ一度読んでみてくれませんか」

「ええ、いつでも大丈夫ですよ」

部長はにこやかに笑った。

「実は今日持参していまして……」

名刺を渡すときも興奮していたが、バッグから原稿用紙を取り出すときはもっともたついた。出版社の人に原稿を読んでもらえる！　こんな嬉しいことはない。

「いやあ、用意周到ですな」

社長も声を立てて笑っている。

「しっかりお預かりしました。読みましたらご連絡しますので、いつでもいらしてください」

「ありがとうございます！」

「よかったなあ、南田君」

僕は三人にお礼を言って、しばらくパーティーの余韻に浸り、会場を後にした。結局、烏龍茶一杯、食事は何も手をつけなかった。けれど大きな収穫があった一日だと思っていた。

8　大人の表と裏の顔を知る

風紋に通っていた目的として、誰か出版関係者や小説家に自作を読んでもらいたい、というのもあった。でも、それ以前に純粋に風紋の空気が好きだったし、聖子さんや卓さんと話しているのが楽しかった。だいたい、僕は誰かに頼み事をするのが得意じゃない。たぶん聖子さんや卓さんは、そのあたりを汲んでくれていた節はある。もどかしさもあったかもしれない。

「小説を読んでくれますか」

言葉にするのは簡単だが、そんなお願いをプロの人たちにするまで、僕は図々しくなれなかった。ただ、もっとガツガツいってもよかったと、今では思っている。若さの特権じゃないか。

出版記念パーティーから一ヶ月くらい経った。やまびこ出版の部長からは何の連絡もない。ずいぶん待たされている、と思っていた。

さすがに今は、僕も出版業をしているので、一ヶ月で原稿を読めるとは思いもしない。それに僕みたいな依頼をする人たちはたくさんいただろう。とにかく当時、そういうことは何もわかっていなかった。

痺れを切らし、やまびこ出版に足を運ぶことに決めた。名刺、〝拝読〟に続き、僕は社会人としての常識を知らないことを露呈する。アポイントも取らずに、いきなりやまびこ出版を訪ねたのだ。

やまびこ出版は神保町にある中小出版社だった。文芸というよりかは実用書を多く出しており、現在もちゃんと存在している。受付で先日会った部長に取り次いでもらおうとしたが、生憎不在だった。

「どのようなご用件ですか」

聞かれたので、原稿を読んでもらっている、ということを告げた。部長から改めて連絡するということで、その日は帰った。けれど一週間経っても、部長から連絡はない。訪問するのは忍びないので電話をかけた。

「もしもし、代わりました」

「あの、先日の出版記念パーティーで松崎さんに紹介していただいた南田です。お原稿をお渡ししたのですが、その後いかがでしょうか」

「ああ、まだ読んでいません。読みましたらこちらからご連絡します」

「はい……」

一分も経っていない。さすがにわかった。あ、読む気ないな、というのが。それより何より驚いたのが、部長の声だった。パーティーで会ったとき、部長の声は明るく丁寧だった。でも電話の声はとても低く沈んでいて、ぶっきらぼう。大人って、こうも裏表があるのか。

たぶん風紋で会う大人の人たちの優しさ、温かさに慣れてしまっていた部分もあったのだろう。それはああいう酒の場、社交の場だからであって、一歩社会に出れば、部長のような対応がごく普通なのかもしれない。

それきり部長から連絡が来ることはなかった。僕から電話することもなかったし、このことは松崎さんにも話さなかった。

9　小説を持ってきなさい

少し経ってから、大野さんからお手紙をいただいた。内容は一風変わっていた。

かっぱ村の新年会が「ノアノア」であるから、君も来ないか、ということだった。かっぱ村？　ノア ノア？　何のことか、さっぱりわからない。行ってみようと即決した。二〇〇三年二月のことだった。

大野さんに返事をしたら、ノアノアは風紋の近くにある飲み屋だということがわかった。医大通りにあったが、今は閉店している。風紋よりは広く、楽器などがあって開放的だった記憶がある。

僕は定時前にやってきて、受付を済ませた。幹事の人たちに大野さんに誘われた、と言うと、

「おお、村長のお知り合い？　しかも若者じゃないか」

と歓迎された。

かっぱ村というのは全国にあり、今回の新年会は葉山支部のだった。かっぱの存在を強く信じている、信仰しているというわけではなく（個人差はあるだろうけれど）、民俗文化を軸とした親睦会という雰囲気。かっぱというと岩手・遠野のイメージだが沖縄でも目撃談があるなど裾野が広い。大野さんはかっぱ村の二代目村長。初代は中河与一である。あの「天の夕顔」を書いた小説家。

大野さんはゆったりとした感じで、新年会の輪に収まっている。基本的には年配の人が多いが、四十代、五十代の現役バリバリといった人もいる。僕は大野さんの隣に座った。音楽演奏などが行われ、辺りが賑やかになったところで大野さんが椅子をぐっと寄せてきた。

「小説なんだけど……」

周囲がうるさくて最後まで聞こえない。

「すみません、もう一度いいですか」

「小説なんだけど、読むよ」

今度ははっきりと、というより、そう聞こえた気がした。

「僕の小説を読んでくれるんですか」

「おお、そうだよ、他に誰がいるの」

大野さんは口をすぼめて笑った。少し顔を歪め、一度お酒が入っているグラスを口に当て、「いやね」と話し始める。

「怒られたんだよ。あの人たちに」

大野さんの指は、賑やかに談笑している一団に向けられた。今回の幹事の人たちだ。おばさんもいればおじさんもいる。

「彼らとは付き合いが長いんだよ。僕は仕事場が葉山にあってね」

大野さんは当時、新宿のホテルの一室や葉山のマンションの一室を仕事場にしていた。作家ともなると仕事部屋があるのか。ふと太宰のことを思った。太宰も隠れ家を持っていたりしていたから。単純にすごいなと思ったりした。

「せっかく若い人が読んでくれって言ってるのに、大野さんは冷たいと叱られたんだ」

苦笑いを浮かべ、僕の顔を見た。

「そうでしたか」

心の中でおじさんやおばさんたちに感謝していた。頑固な大野さんを叱ってくれて、ありがとう。

「でも長いのは勘弁してくれよ。短篇を持ってきなさい」

急にお師匠さんみたいな口調になる。僕は弟子っぽく、「はい、わかりました」と頷いた。

新年会が終わり、帰ろうとすると、幹事の人たちが今度葉山に遊びにいらっしゃい、と誘ってくれた。

大野さんも仕事場にぜひ来い、という。

「そこで小説の講評をしよう」

もちろん僕は、葉山に行きます、と返事をした。

その日、大野さんと風紋に寄った。

「あら、珍しい。大野さんとご一緒?」

聖子さんが笑って迎えてくれる。

「はい。かっぱ村の新年会がノアノアであったんです」

「へえ、おもしろいことに参加してるのね」

この日から、僕の文学修業が始まった。

10　小説仲間と葉山へ

大野さんに短篇小説を郵送し、しばらくしてから葉山を訪れた。鎌倉は行ったことあるけれど、葉山は初めてだった。ヨットが似合うお洒落で金持ちのイメージだった。

一色海岸近くのマンション、海が望める一室で大野さんはゆったりとソファに腰かけていた。僕の書いた小説は酷評された。少しは褒められるのでは、と期待していたが、そんなにプロの作家は甘くない。

「君の書いているのは、どうも暗いなあ」

自覚はあった。太宰の影響を受けているわけではないと思っていたが、どこかで「人間失格」には引っ張られていたのかもしれない。

「もう少し何か出来事を起こした方がいい。淡々としすぎている」

大野さんは、僕が純文学を書いていることに物足りなさを感じてもいるようだった。当時大野さんは六十代、若造のタラタラした純文学は退屈だったろう（実際、僕の好きな作家は太宰のほかに小島信夫、三浦哲郎、車谷長吉、葛西善蔵などで、私小説作家に集中している）。

太宰に「散華」という小説がある。三井君という戦争で玉砕した友人は小説を書いていたという。

　三井君の小説は、ところどころ澄んで美しかったけれども、全体がよろよろして、どうもいけなかった。背骨を忘れている小説だった。それでも段々よくなって来ていたが、いつも私に悪口を言われ、死ぬまで一度もほめられなかった。

三井君と僕は同じだったのかもしれない。

ミステリーのようなエンタメ系の書き方を参考にするといい、とも言われた。とにかく冒頭に事件を起こす。あとは時間軸についても指摘された。過去と現在が入り混じる書き方は感心しないと。夢が出てくる小説もよくないとも。

落ち込みはしたけれど、大野さんの言われた通り書いてみることにした。後日、今度は大野さんに自宅に招かれた。最寄り駅まで迎えにきてくれた大野さんは和服姿だった。えらく貫禄があるように見え、文豪という感じだった。太宰の場合はすらっとしていて、それはそれで和服が似合う。

大野さんは家に着くなり、こういう話をしてくれた。

「君はアトピー性皮膚炎だろう。それを治した方がいいかもしれない。いい医者がいるから紹介するし、費用がないなら立て替えてもいい」

唐突の話で驚いた。確かに僕は今でもアトピーだが、それほど悪い症状ではない。生涯付き合う病気くらいにしか思っていなかった。

「君の小説が暗いのはアトピーが原因なのじゃないかと思う。僕も家族で苦しんでいたのがいるからわかるんだ。何か頭に暗さを誘発する原因を抱えているのはよくないと思うんだ。君は才能があると思う。だから治してみたらどうだろう」

この言葉は今でも忘れない。そこまで考えてくれたのか。大野さんは、僕以上に小説家になることを本気になってくれている。僕は自らの甘さを痛感した。だが紹介してもらったものの通院しなかった。

保険がきかず、当時の僕には費用負担が大きかった。いくらなんでも大野さんに立て替えてもらうわけにもいかない。そこまでは甘えられない。

大野さんは別の話もしてくれた。

「君の周りに小説書いてる人はいないの？」

「いますよ、二人ほど」

「じゃあ今度葉山に連れておいで。合評会をやろう。月イチの恒例として。場を提供する代わりに君らが料理を作る」

大野さんは哄笑した。ちゃっかりしている。ただではやらんぞ、と。おもしろい提案だった。すぐに乗った。

僕が大学で日本文学を専攻していたのは、すでに触れている通り。入学する前は、小説家志望の人ばかりだろうと思い込んでいた。学科は百三十人くらい、うち男は三十人ほど。一年のとき自己紹介の機会があって、僕は「小説家志望です」とはっきり口にした。でも、そんなこと言っているのは僕だけだった。これには驚かされた。なんだ、じゃあ、みんななぜ日本文学を専攻したの？

厳密にいうと、うちの大学の学科は「日本語日本文学科」で日本語教育も含まれる。当時の比率は半々だった。しかも日本文学を専攻していても、中世、近世、近現代と分かれる。だから、近代日本文学を学びたいと思っている学生は、案外少ない。

別に小説家志望の友人がほしいとは思わなかった。だが、不思議とちらほらと集まり始める。たぶん、皆シャイで「小説家になりたい」なんて、あえて公言しないのだ。僕は大学で友達がいなかったが、一人でいると、何人かが「実は私（僕）も小説書いてるの」と耳打ちしてくる。たまに互いの作品を読み合ったりしたが、じゃあ、友人になるかというと、話は別だ。

大学内では、友達はできなかったが、外ではできた。下北沢のコンビニバイト時代、深夜のシフトに入っている持田君（仮名）。僕がバイトを始めてまもなく、シフトの時間に持田君が店にやってきて、

「南田さん、小説書いてるんですか」

と、低いトーンで話しかけてきた。どうやら噂を聞きつけてきたらしい。

「そうだよ」

「俺、詩書いてるんです」

持田君は涼しげな顔を少しだけ綻ばせた。彼とは波長が合ったのかどうかわからない。僕の一歳下で、シモキタに住んでいるフリーターだが、頭がとてもよい青年だった。一緒に絵を描いたり映画を観たり、自作を批評し合ったり、よくある青春の時間を過ごした。

その後、僕は古本屋みたいな店でフリーターを始め、二年くらい経ったとき、苅谷崇之君がバイトで入ってきた。僕の四歳下で、彼とは今でも文学仲間として交流している。苅谷君との小説に関する話の経緯は覚えていないのだが、当時、彼も小説家になりたいと言っていて、仲良くなったのだと思う。

僕は持田君と苅谷君を引き合わせ、それぞれの小説を読み合う、といったこともしていた。けれど当時、僕以外、小説を書くことがなかなかできないでいた。僕は僕で、小説を書いてはいたけれど、決して褒められる質ではなかった。

二人に大野さんの話をしたら乗ってくれた。三人で葉山に行くことにした。そのためには、必ず一人

一作は書いていかないとならない。じゃないとわざわざ行く意味がない。

大野さんの元に行くなり、大野さんは自分の小説を音読しろ、と言った。

「声に出すと客観的になれる」

言われた通り音読してみると、自分の書いた小説なのに、案外引っかかってしまう。確かに他人の文章を読んでいるような感覚。本当に自分が書いたのか。ああ、これ読みたくないな、という気恥ずかしさ。

持田君と苅谷君も音読を終え、大野さんは誰かを特段褒めることなく、以前僕に教えたようなことを話してくれた。持田君は割と人見知りしないので、いろいろ大野さんに質問していた。苅谷君は口数が多い方ではないので、黙って聞いている。大野さんに僕らは手料理を振る舞い（決してうまいとは言えなかったろうが）、葉山のマンションを後にした。また来月会おうと、約束して。

ところが、この合評会はこれきりとなった。どちらかというと、僕らは三人とも純文学寄りのものを志向していた。それに対して、持田君と苅谷君は大野さんの助言に違和感を持ったようだった。僕も彼らの気持ちは理解できた。ただ、やってみることは悪くないと思っていた。

当時の僕は、クールに見られていたが結構熱い人間だった（今でも変わらないかもしれないが）。書けないのか、書かないのかわからない二人に啖呵を切った。

「書かないなら、もう会わん！」

今、太宰の「誰」の一節を思い出す。

あなたが甘やかしてばかりいるからよ。（中略）あなたはいつでも皆さんを甘やかして、行けなくしてしまうのです。

それからしばらく僕らは本当に会わなかった。持田君と苅谷君は二人で会っていたかもしれないけれど。

のちに持田君は書くことをやめた。苅谷君はずっと細々と書き続け、舟橋聖一顕彰青年文学賞を受賞するまでになる。自らがそれぞれ信じている道を進んだ結果かもしれない。

11　舞踏を観に行く

聖子さんと風紋以外で初めて会ったというより、一緒に出かけたのは横浜だった。目的は舞踏鑑賞である。

風紋ではかつて舞踏家・大野一雄の弟子・上杉満代さんがお手伝いをしていた。その上杉さんの舞踏を観に行こうと誘われたのだ（聖子さんの死後、遺品の中から大野一雄の色紙が見つかった。一九八六年九月五日とあり、「アルヘンチーナ頌　死海」と書かれている。ラ・アルヘンティーナはスペイン人の舞踏家。大野一雄がアルヘンティーナを称えたソロ作品の舞踏上演で、一九七七年初演だった）。

僕は舞踏というものを知らなかった。だから事前にどういうものかネットを中心に調べてみた。一言でいうと、難しそうだなあ、という印象。でも、おもしろそうだから観てみよう。

横浜の街中で上杉さんが舞う。それに僕ら鑑賞者がぞろぞろ付いていき、最後は建物の中に入る。全身を白く塗った上杉さんがゆっくりでありながら、力強く、時には空気を張り詰めさせながら、動く。不思議なもので観ているうちに、上杉さんの肉体に吸い込まれていくような感覚になる。言葉はないのに詩のようだ。息づかいさえ聞こえてこない。何だか目に涙が溜まってくる。最後に上杉さんが舞い、体を静止させたところで、ふっと柔らかく笑った。

「あの表情がいいの。ふっと息をついた瞬間が好き」

聖子さんは上演が終わり、食事をとっているとき感想を漏らした。

その後も、何回も舞踏を観る機会があった。のちの話になるが、上杉さんの弟子のラビさん、亜弥さんが風紋を手伝うようになり、彼女たちが中野や横浜で舞うたびに観に行った。

聖子さんは体が元気なうちは観に行っていた。舞踏の会場は狭くて、座る場所が板張りになっていて痛いことが多い。それでも観に行っていた。きっと聖子さんにとって娘たちを見守るような気分であったに違いない。

12　風紋青森旅行へ

二〇〇三年春のことだった。相変わらず金曜、土曜に風紋通いをしていた。おそらくその日は金曜だったと思う。風紋に入るや否や、カウンターが賑やかだった。

「ああ、南田さん、ちょうどいいところにいらした」

聖子さんが笑みを浮かべ、おしぼりを渡してくれる。カウンターの本棚近くの席には二人の男性が座っていた。自然、黙礼をする。

「今ね、青森旅行に行かないかって話になってるの」

「え、そうなんですか」

「だって、太宰の小説のモデルになった林さんが青森に行ったことないって言うでしょう。そりゃ案内しないと」

男性の一人が大きな声で発して、笑う。この方は、元通産省にお勤めのお役人・篠原さん（仮名）だった。そして、もう一人は青森出身の新聞記者・加藤さん（仮名）。

「滞在中、よかったらうちに泊まってもらってもいいですし、せっかくですからねぶたの時期はどうですか」

加藤さんが提案してくれる。

「いいですね」

途中参加のくせに、僕は勝手に乗っている。

「ほら、何人かお誘いして行きましょうよ。といっても、私はハネトになりますから、別口でねぶたに行きますけど」

篠原さんがどんどん話を具体化してくれた。

「もし行くなら、南田さんもどう？」

「ええ、行きます行きます」

僕は即答した。実は、前年に青森に行っていた。当時交際していた莉子（仮名）という女性と。二泊三日の旅で、弘前と太宰の故郷・金木を回った。斜陽館を初めて見物し、感慨に浸った。ああ、ここで太宰は育ったのか、と。妙に緊張したのを覚えている。

なぜか、あのとき金木は少し塩っ気のあるにおいがした。海が近いわけではないのに。けれど、そのにおいは一回きりだった。どこかでスルメでも炙っていたのだろうか。津軽鉄道のストーブ列車では、冬になるとアタリメを焼いている。あるいは、竜飛岬から潮の香りが風に乗って下りてきていたのだろうか。今でも、そのにおいは鼻の奥に残っている。

前年の旅行では竜飛岬には行けなかった。宿の人たちが言うには、風が強い日は電車が動かないことがある。行っても帰ってこられないかもしれない、と。それで断念したのだ。だから、今回の風紋旅行では竜飛岬にも行けたらな、と密かに思っていた。

翌週には、かなり話は進んでいた。

「あれから何人かにお誘いして、面子が決まってきたの」

聖子さんが教えてくれる。粕谷一希さん、松本哉さん、画家・イラストレーターの林静一夫妻、編集者の前田剛夫妻、聖子さんたち風紋勢、そして、僕、総勢十名となった。このとき、一度もお会いしたことがないのは静一さんと前田さんだった。それぞれの奥様たちにはお会いしていた。お二人の夫人はもともと風紋で働いていたスタッフ、林節子さんと前田千代子さん。同級生ということもあって仲がいい。

いよいよ日程も決まった。ねぶた開催の八月初旬となった。ずっとワクワクが止まらない。

それまでも風紋ではよく旅行に出かけていたらしい。『風紋30年アルバム』では詳細に紹介されている。先に触れた渋沢さんのパンツ事件も、旅の一環の出来事。バーに通うお客さん同士で旅行に行くのか、と驚きがあったが、まさか自分も参加することになるとは思いもしなかった。

出発前、六月くらいだろうか、風紋のカウンターに僕は座っていた。すると、お客さんが二人入ってくる。本棚近くのカウンターに座った。

「粕谷さん、いらっしゃい」

聖子さんの声に、僕はピクリと、いや、ハッとした。旅行に一緒に行く粕谷さんだ。しばらくして聖子さんが粕谷さんに紹介してくれた。例の「太宰さんの卒論を……」というフレーズで。

「ほう」

粕谷さんは口を縦にして言ったきり、黙った。僕は頭を下げた。

「今度の旅行に一緒に行くんですよ」

「ほう」

粕谷さんのお顔は『風紋30年アルバム』で何度も拝見していた。それだけ登場回数が多い。僕は、このとき粕谷さんが何をしている人かはわかっていなかった。たしか編集者だったよな、くらいの記憶。

粕谷さんが帰ったあと、改めて聖子さんが粕谷さんは『中央公論』の元編集長で、今は『東京人』をやられている、と教えてくれた。日本文学科の人間にとって、『中央公論』と言うと滝田樗陰《ちょいん》。永井荷風と谷崎潤一郎のお抱え雑誌。歴史があるというか、なんとも畏れ多い名前だ。かつて太宰は『中央公論』から依頼を受け「駈込み訴え」を妻・美知子に口述筆記させるとき、特に緊張していたという。また、嘉村磯多は初めて『中央公論』に作品が載ると知ったとき「日本一になった！」と叫び、板の間に舞い倒れたと書いている（「神前結婚」という小説に書かれてある）。そんな雑誌の編集長って、どんだけ恐ろしい人なんだろうか、と密かに震えた。実際、粕谷さんはぶすっとした表情で、特別僕に言葉をかけてはこなかった。第一印象は、ただ畏れ多い、という感じだった。

八月、いよいよ青森へ出発だ。前夜ほぼ眠れなかった。また太宰の故郷に行ける。しかも風紋の人たちと。楽しみでないはずがない。

東京駅のホームで待ち合わせた。ほぼ初対面の松本さん、静一さん、前田さんに挨拶し、新幹線に乗り込んだ。当時はまだ新青森駅はないので、青森駅が目的地となる。盛岡か八戸で一度乗り換えて青森駅に行かないといけなかった。ただ、今回の旅行には、あのお役人の篠原さんの協力がある。八戸から青森までチャーターバスで行けるというのだ。しかも、この貸切バスは翌日以降も使える。だから竜飛岬まで行ける、と。すごい！

新幹線内では雑談したり、各自居眠りしたりと過ごした。一枚の写真がある。聖子さんと僕のツーショットだ。このときの僕はシモキタ時代の美容師の友人の悪戯で、だいぶ脇の方を刈り上げた挙句、片側に一本のラインが少し入っていた。

旅行後、聖子さんがくすくす笑いながら教えてくれた。

「粕谷さんがね、南田君は気の毒だな、と言うのよ。なんでって聞いたら、頭を手術したことがあるんだろうって」

粕谷さんは、まさかこんな髪型をあえてしていると思わなかったようだ。僕は笑ったけれど、聖子さんはそのとき、ちゃんと否定してくれたのかな、と思った。でも、野暮だと思ったから確かめなかった。粕谷さんはずっと勘違いしていたかもしれないけど。

八戸駅でバス（ロケバスみたい）に乗り込み、一人ずつ弁当が配られた。「小唄寿司」とある。こっそり顔をしかめてしまった。あまり魚介類が好きではない。小唄寿司は八戸名物で、鯖と鮭の押し寿司。押し寿司というのも苦手だった。睡眠不足が祟り、ただでさえ眠い。申し訳ないけれど、小唄寿司は遠慮した。

青森市内に入るにつれ、車の進みが遅くなる。途中、三内丸山遺跡を見物したが、皆そぞろ。僕だけではなく、皆朝が早いから疲れちゃっている。でも、青森駅近くに来ると、皆の顔色が変わってきた。熱気が至る所から伝わってくる。ハネトたちの姿、ねぶたの姿も見える。

「さあ、特等席ですよ」

旅行中の案内をしてくれた佐藤さんが、ねぶた見物しやすい席を用意しておいてくれた。

「まあ、贅沢よね」

聖子さんは押し寄せる観光客に目を見張っていた。

夏の空が徐々に暗くなってゆく。海の方からは涼しい風が吹いてくる。金魚の提灯に灯りがつき、いよいよねぶたが幕を開ける。

と、同時に僕の瞼は閉じられる。あろうことか僕はあまりの眠気と、小唄寿司を食べなかったせいで空腹に陥り、椅子で眠ってしまったのだ。目が覚めたときには、「ラッセラーラッセラー」の掛け声と鈴や鉦の音が佳境に差し掛かっていた。

「ずいぶん寝てたね」

卓さんが笑っているが、その顔も眠そう。

「お腹空いたわねえ」

聖子さんがこぼす。どうやら皆、あまり小唄寿司には箸が進まず、車中は眠ってしまっていたようだ。

「まあ、終わったら何か食べましょう」

無粋なことを言い合って、ねぶたに見入った。

僕の胸は熱くなった。何だろう、この感覚は。興奮しているのではない。祭りの熱気に当てられたのでもない。嫉妬だ。ハネトの男の子、女の子の顔が実に輝いている。よくねぶたの時期に男女が仲良くなり、ねぶたベイビーが産まれると言われる。あながち嘘ではないのだろう。彼ら彼女らは実に楽しそうだった。

僕の出身地・府中市にも「くらやみ祭り」というのがある。大國魂神社を中心に市内を山車と大太鼓が練り歩き、神輿や馬駆けなども行われる。神社の参道では縁日が開かれ、その数は本当にすごい。子どものときは、祭りが好きだった。金魚すくいをやったり、お化け屋敷に入り、お化けを殴っておじさんに追いかけられたり。だけど大人になるにつれ、どうも府中を好きになれず、祭りが嫌いになった。傍から見たら、山車を引いたりすることが楽しそうなのかもしれない。僕も積極的に祭りに行けばよかったのだろうか。いや、行かなくてよかった。ねぶたを見ながら、そんなことを考えていた。

祭りが終わりに近づくと、白いハネトと真逆の黒い衣装を着た人たちが登場し始めた。

「ああ、あれがカラスか」

松本さんがボソッとこぼした。

「カラスって何ですか」

「ほら、あそこに貼り紙がある」

松本さんが指差す方を見ると、何やら注意書きがされている。カラスとは、黒い衣装を身にまとい、ねぶた祭りの邪魔をする人たちのことだ。昔は暴れたりすることがあったようで、「カラス行為禁止」などと書かれている。

僕らが目にしたカラスの人たちは「ラッセラーラッセラー」と、ねぶたの消えた道で騒いでいるだけだった。祭りのあとの、どこか虚しい心のやり場を打ち消すためにハネている。そんな風に見えて、印象に残った。

「さあ、腹ごしらえしよう」

さすがに皆、お腹が空いている。

「田酒《でんしゅ》飲めるといいですね」

前田さんが言うと、酒飲みたちの顔が綻ぶ。田酒は青森の銘酒だ。商店街の方へ向かったが、どこも閉店している。時刻は八時過ぎ。

「こりゃまずいなあ」

東京とは違って夜は早く店じまいしてしまうのかもしれない。いや、お店の人たちも商売どころではなく祭りを楽しみたいのだろう。

中から鉦と笛の音が漏れてくるお店があった。戸から覗くと、まだやっているという。そんなに食べ物がないけれど、ということだったが構わずに入った。田酒は無理でもビールはあった。アルコールを求めていた人たちは、ほっと息をついた。食べ物を求めていた人たちは、焼きそばやおにぎりにありつけた。

「はあ、やっと食べられた」

聖子さんも笑顔になった。

初日は新聞記者・加藤さんの家に泊めてもらうことになっていた。十人が泊まれる家って、すごい。夜の酒盛りはほどほどに男女部屋へと別れ、床に就いた。粕谷さんが真っ先に眠り、僕は疲れていてもなかなか寝付けない。誰かのいびきを聞いているうちにうとうとし、ぱっと目が覚めた。あれ、少し冷える。時刻は七時過ぎだった。

廊下に出ると、やっぱり寒い。八月だろ、ウソだ。一階の居間に行くと、まだ誰も起きていない。ストーブが焚かれてある。家の人が気を利かせてくれたのだろう。ちょうどよかった。続々と起きてきて、僕みたいに寒いと言っている人もいる。聖子さんは部屋に入るなり、

「え、ストーブ焚いてるの」

と驚いていた。

二日目はいよいよ太宰の故郷・五所川原市金木へ。その前に竜飛岬まで行く。バスは貸切のまま。なんて贅沢で楽な旅だろう。

旅というのは不思議なもので、一日一緒に行動しただけで、急速に仲間同士親しくなる。僕はバスの後ろの方で、粕谷さんと松本さんと喋っていた。旅行に出る前は、粕谷さんも松本さんも気難しいんだろうと思っていた。でも全然違った。松本さんは行きの新幹線で、小さい弁当箱を取り出していた。目ざとく見つけた聖子さんがにやっとした。

「なあに松本さん、誰かに握ってもらったの」

「お、松本。いい人いるのか」

実は前田さんと松本さんは高校の同級生。まさか酒場で再会するとは思わなかったろう。

「いやあ」

松本さんは言葉を濁すが、でれでれしている。どこか不器用な笑い方。なんだ、この人いい人なんじゃないか。松本さんは一度離婚を経験されていて、当時は独り身だった。

そんな光景を目の当たりにしていたから、松本さんに親しみが湧き、車中、よく喋った。

「俺は〝風紋学校〟の卒業生なんだよ。ここから作家になれたんだ。今度は君がなれよ。第二号だ」

「はい。なります」

松本さんは〝風紋学校〟とよく言った。これは元々、風紋初期の常連の評論家・安田武に由来する。『風紋25年』の安田の寄稿文「めぐり逢い」を引く。


鈴子ちゃん、節ちゃん、山ちゃん、稲葉ちゃん、ナオミちゃん、キクちゃん、千夏ちゃん、カコちゃん、指折って思い出せば、たちまち十指にあまる。お目見得の初日から手厳しく注文をつけて、中にはベソをかいた女《ひと》もいたっけ。その代り――というのも変だけど、勤続一年におよぶと、「珍裂や」の小物などを贈って敬意を表し、祝福した。いつのまにやら「風紋大学」の校長先生、となってしまった。

安田は当時働いていた女性スタッフにとって〝風紋大学〟の校長。風紋は学校やら大学やら、バーという側面だけでなく、学びの場でもあったのだ。

粕谷さんが話に加わった。

「南田君は太宰のことを書くため、風紋に来たんだって」

「はい」

初めて会ったとき、聖子さんが紹介してくれたけど覚えてたのかな。いや、旅の初日、聖子さんに改めて聞いたんだろう。あの頭を縫った跡のある青年は何者なんだと。

「そうなのか」

言ったきり粕谷さんは黙ったが、すぐ続けた。

「松本君、ちょっと手伝ってあげろよ。ねぶたをテーマに二人でそれぞれ小説を書く。競作だな。それで旅から帰ったら参加者に投票してもらう」

体が跳ね上がった。バスが揺れたに違いないが、胸が弾んでいる。

「はい、ぜひ書きます」

僕は鼻息を抑えつつ、宣言した。

「そりゃ粕谷さんの宿題じゃあ断れないよ。よしやろう」

松本さんは顔を歪めて笑っていた。

粕谷さんに小説を読んでもらえる。こんなに嬉しいことはない。『中央公論』は総合誌ではあるけれど、文学の歴史もある。荷風、谷崎以降も、文壇の中心作家が書くことが多かったし、かつては新人賞もやっていた。その初代受賞者が「楢山節考」を書いた深沢七郎。粕谷さんは政治学者や哲学者を発掘した印象が強いが、塩野七生さんや庄司薫さんも発掘している。庄司さんは「赤頭巾ちゃん気をつけて」で芥川賞を受賞している。

バスは本州の北端を目指し、ゆったりと身を揺らす。午前の日差しが、途中通りかかった漁村の干された漁網を輝かせる。今日はもう漁を終え、漁師たちは仮眠でもとっているのかもしれない。集落は静かだ。

車内も静かだった。みんな眠っているのかもしれない。僕はひとり興奮していた。粕谷さんを見ると、起きている。聞いてみたいことがあった。

「今、世の中にはたくさん地方文学賞がありますが、受賞してもあまり意味がないですか」

僕は小説がさっぱりだった。でも書き続けていたのは大学四年生のとき、とある地方文学賞で最終選考まで残れたからだった。あ、書いていいのかも。だからフリーターになってもいいだろうと覚悟を決められた。もっと言えば、スーツ着たくない、ヒゲ剃りたくない、満員電車嫌い。怠け者の発想しかない。

この頃、とある文芸評論家が地方文学賞の意義について疑問を呈していたことがあった。それを読んで、そういうものなのかもしれないな、と落胆しかけていたのだ。

粕谷さんはゆっくり口を開いた。

「そんなことはないよ。これからは自分でメディアを持つ時代になる。地方文学賞を受賞したら、その人たちが覚えていてくれて何か書かせてくれるかもしれない。何も中央だけというわけでもないよ」

さすが『東京人』を創刊した人である。当時はまだＳＮＳなんて言葉はない。ブログもツイッターも、もちろんフェイスブックもインスタグラムも。

自分のメディアを持つ。

これほど勇気をもらった言葉はない。あ、この人もやっぱりいい人だ。

バスは次第にのっそりと、いくつもカーブを曲がって坂を登ってゆく。

「いよいよ竜飛だな」

松本さんが呟く。

第一部でも紹介した太宰の「津軽」を少し引用する。


ここは、本州の極地である。この部落を過ぎて路は無い。あとは海にころげ落ちるばかりだ。路が全く絶えているのである。ここは、本州の袋小路だ。


太宰はあまり自然描写をしない。あくまで人間の個というものを掘り下げる、自分を傷つけ可愛がりながらも。そんな太宰は竜飛をうまく描いている。

バスが到着し、降りると強い風が巻いている。

「寒いわね」

朝、ストーブに半ば呆れていた聖子さんが、思わずといったふうに声を出した。

突端の方へ近づくと、ぼんやりと島影が揺れる。北海道なんだろう。ここが本州の本当に端っこなんだな、と当たり前なことを考える。ここで暮らすとは、どういうことを意味するんだろうか。反対側の島の突端に立つ人は、本州の端っこを眺めて、何を思うんだろうか。

初めて青森に行ったとき、盛岡から特急に乗って青森を目指した。岩手まではまだ景色が青かった。次第に青森に入ると景色が灰色がかった。あ、青森はやっぱり違う。どこか神秘的でさえあった。特別なものに思えた。

三十分もいなかった。早々に皆バスに乗り込んだ。風の強さもある。どこか自然の恐ろしさもある。本当に海に転げ落ちてしまう。

バスは本州を下り、道中腹ごしらえを済ませ金木を目指そうとしたが、林静一さんがなかなかバスに戻ってこない。

「何やってるのかしらねえ」

節子夫人が苦笑いを浮かべている。五分くらいして戻ってきた静一さんは、手にビニール袋を持っていた。どうやらお孫さんへのお土産のおもちゃを買っていたらしい。静一さんは節子さんの愚痴も何のその、満足そうににこやかに笑って、腰を据えた。

ねぶたシーズンということもあり、前年に行ったよりも小さい町は混んでいる。太宰は故郷の恥と言われた時期もあったというが、今は観光に貢献している。

赤い屋根がちらちらと見え始めてくる。バス内で歓声が上がる。

「へえ、こんなところからも見えて。やっぱり太宰さんってお坊ちゃんだったのね」

聖子さんの嘆息に、僕は頷いた。

「あんな屋根だったら共産主義にかぶれちゃいますよ」

「ほんと」

斜陽館前の金木観光物産館「マディニー」の広い駐車場にバスが止まり、ぞろぞろと降りてゆく。前年に来ていても、なんだか懐かしい気にさえなる。胸も高鳴る。何度来ても、ここは太宰の生家に変わりなく、生活の名残が燻っている。

聖子さんは土蔵の展示室にある黒いマントを観て、小さく声を上げた。

「ああ、そうそう。太宰さん、当時の方にしては背が高かったから」

太宰が三鷹の街中に立っている写真がある。そのときも黒いマントを羽織っていた。太宰のお気に入りである。

聖子さんはこの頃から膝を悪くしていた。けれど、なんとか三階まで丁寧に展示物を観ていった。

「もう満足」

この旅のひとつの目的を終えた。聖子さんにとって、斜陽館は最初で最後の訪問となった。

マディニーでお土産を買い、バスに乗り込む。今夜の宿は鯵ヶ沢に取ってもらっていた。

「今日こそ田酒が飲めるぞ」

前田さんがにこやかに笑う。

「お腹いっぱい食べられますね」

食の恨みは根深い。皆が笑った。宿では田酒を味わった。粕谷さんから、

「せっかくだから」

と言われ、断るわけにはいかない。

この日、僕は割合、酒を飲んだ。立とうとすると足がふらつく。

「日本酒は酔いが早いのに、あんなピッチで飲んで」

卓さんが呆れている。

「よし、カラオケやろう」

前田さんが言い、僕が先陣を切った。前田さんと松本さんは仲良く「高校三年生」（舟木一夫）をデュエットした。静一さんは歌い慣れているようで、巧みに低音ボイスを披露した。

「じゃあ僕も」

おもむろに粕谷さんが立ち上がって、マイクを握った。にこにこしている。

「え、粕谷さん歌うの？　風紋旅行で初めてじゃないかしら」

聖子さんが目を見張っているけど、笑っている。

それだけ今回の旅を満喫してくれたのかもしれない。僕は嬉しかった。粕谷さんは旧制時代の唱歌のようなものを歌っていた。皆、黙って聞いている。ああ、旅もそろそろ終わるのだ。

ちなみに、聖子さんはカラオケが好きではないから歌わない。一度たりとも歌声を聞いたことはなかった。卓さんが言うには、たまに鼻歌は歌っていたという。演歌は嫌いだ、と聖子さんは言っていた。

その日の夜も、僕は眠れなかった。どうやら卓さんもそうだったみたいで、僕が夜中に部屋を出たとき、むくりと起き出した。緩やかに笑って、また布団に潜っていた。

僕は大浴場に行き、マッサージチェアに横たわった。いろいろなことがあって、体は疲れているのに、頭と心が寝かせようとしてくれない。粕谷さんから出された宿題のことを考えていた。ねぶたの光景を頭に浮かべた。若い男女の嬌声、それに対して抱いた嫉妬。ねぶた終わりに現れたカラスの一団。あ、カラスに参加する女の子の心情を描こう。着想が徐々に形になってゆく。ますます眠れない。明日はいよいよ帰京だ。

マッサージの振動が微かに眠気を催してくる。頭に眠れ、眠れと囁くように、小刻みに揺れる。楽しい旅だった。一生涯、この旅のことは忘れないだろうと思った。

13　風紋句会誕生も、徐々に……

青森旅行が楽しいと感じたのは、僕だけではなかったのかもしれない。僕ら旅の参加者は、余韻に浸ることを選んだ。

粕谷さんが近いうちに、所属している書の会の展覧会がある、という。じゃあみんなで行こうという話になった。その前に、参加者に粕谷さんの宿題の小説を、松本さんと僕はそれぞれ郵送する決まりとなっていた。

展覧会当日、気もそぞろだった。銀座の会場に行くと、粕谷さんが待っていてくれた。書のことはまったくわからなかったけれど、「閑居」という粕谷さんの号だけは、似つかわしいなあ、と思っていた。悪いけれど、それどころではない。みんなは僕の小説を読んでくれたろうか。

展覧会を観たあと、粕谷さんが銀座でご馳走してくれるという。そこは俳人・鈴木真砂女のお店「卯波」だった。鈴木真砂女の名前だけは知っていたけど、俳句は詠んだことはない。僕はここで初めて「ねぎま鍋」と白子を食べた。大人の付き合いをしなければ、たぶん食べられない。というより、それきり食べていない……

そのあとは皆で風紋へと流れ、旅の慰労会となった。酒も進み、小説の話になる。

「松本君のは、ねぶたの音や雰囲気がよく伝わってくる」

粕谷さんが代表してコメントした。

僕も、もちろん事前に松本さんの小説を読んだ。「チンチンチンチン」といった鉦の音、ねぶたの勇ましさ、ハネトの溌剌した様子が描かれていた。でも、僕には物足りなかった。これなら誰でも書けるんじゃないか。不遜にもそんな感想を抱いていた。

「一方、南田君のだけれど」

粕谷さんが切り出した。

「説明が多い。もう少し描写した方がよかった」

僕は黙ったままだった。説明？　描写？　どう違うの？　声に出さなかったが、言葉がぐるぐると回る。

僕が小説にしたのは着想通り、カラスに参加する女子高校生を主人公としたものだ。一人称で書いていた。彼女は彼氏とねぶたに行くことになっていたが、数日前にフラれた。やけになってカラスとして参加することになる。ねぶた当日、彼女は公衆トイレで黒い衣装に着替える。本当は、ハネトの格好して彼氏と跳ねるはずだったのに。彼女はトイレの個室のドアに手をかけた。目から涙がポロポロ落ちる。

「ラッセラーラッセラー」小さく彼女は呟き、一度三度とハネトの真似をした。という小説だ。

今、原稿はない。書いた内容は覚えている。書き方としては、だいたい右の通りだったと思う。当時はわからなかった。説明と描写。思い返してみなくとも〝説明〟しか書かれていない。粕谷さんの指摘の通り〝描写〟はなかった。トイレのドアはどうだとか、においがどうとか。カラスの衣装はどうだとか。そういったものは抜きに、ただ出来事が書かれている。

皆一様に、松本さんの小説に軍配を上げた。僕は惨敗だった。当たり前なのかもしれない。相手はプロ、僕はアマ。悔しかった。

今思うと、あのときもっともっと粕谷さんにいろいろ聞いてみてもよかったのかもしれない。だが聞けなかった。そこまで厚かましくしてはいけない気がしたのだ。せっかく粕谷さんに小説を読んでもらう機会だったのに、これ一回限りとしてしまった。

「あら、皆さんお揃いじゃない」

風紋の黒い扉が開いた。ぱっと振り返ると、着物姿の女性がにこやかに笑っている。

「なんだ、三重子ちゃんじゃないか」

粕谷さんがこっちへ、とボックス席に招いた。

「何の集まりなんですか、先生」

三重子さんは粕谷さんを〝先生〟と呼んだ。そういえば節子さんも千代子さんも粕谷さんを呼ぶとき〝先生〟を付けていた。僕は、一度も「粕谷先生」とは呼ばなかった。生意気な奴だな。

粕谷さんが青森旅行のこと、今日の展覧会のことを説明している。三重子さんは風紋のお客さんだけれど、新橋で芸者をしていた。『風紋30年アルバム』には中上健次とともに写っている。

「あ、さっき卯波に行ったんでしょ。じゃあ皆さん、お集まりの機会を継続させるために句会でもやったらどう?」

「句会ねえ」

聖子さんが苦笑いを浮かべている。他の人たちも及び腰だ。

「ああ、いいねえ。風紋句会。やろう」

まさか粕谷さんが乗るとは思わなかった。

「若い人も入って」

三重子さんに誘われ、僕も参加することになった。俳句なんて、今まで一度も作ったことがない。けれど興味はある。

三重子さんと粕谷さんが言い出しっぺということになり二ヶ月に一回、風紋句会が開催されることになった(清原さんによると、もっと前から話はあったらしいが)。

結局、それから十三年、計七十二回やっていたことになる。初期のメンバーは粕谷さん、三重子さん、聖子さん、卓さん、常連の美術研究家の後藤洋明さん、麻雀の強い清原さん(清原さんは幹事役となった)、古くからの常連の元八十二銀行の戸谷邦弘さん、元出版社勤務でかつて僕と同じように太宰を卒論に書くということで風紋を訪れた森中さん(仮名)、そして僕。

だが、早々に三重子さんが抜けてしまい、徐々に皆が脱落。僕も最初の三年くらいしか参加していない。最後の方、オリジナルメンバーは清原さんと後藤さんだけになっていた。途中、作家として活躍されている金井真紀さんや画家・末松正樹の娘で作家の香山マリエさん、小説家・田久保英夫の未亡人も参加していた時期もある。

二ヶ月後、第一回風紋句会が開催された。どんな手順で運営していたのか簡単に振り返る。まず期日までに一人三句作る。そのうちの一つは兼題を入れないといけない。一回目の兼題は「ねぶた」だった。幹事の清原さんが各人から集まった句をパソコンに入力し、当日プリントして持ってきてくれる。皆に一枚ずつ配られ、その場で投票していく。三重子さんが「天・地・人」という点数のつけ方だというので、それに倣った。

天は三点、地は二点、人は一点。天は一人一句、地は三句、人は五句までとした。なるべくみんなに票が入るように。正直言って、僕はなかなか選べなかった。たぶん皆と年齢が違いすぎたのだろう。俳句を作るのと同じく、なかなか難しかった。

参加者中、経験者は三重子さんと粕谷さん、戸谷さんくらい。他の人は初めてといってもよかったと思う。さっきオリジナルの参加者が徐々に脱落していった、と書いたが、理由はここにある。

そもそも三重子さんや粕谷さんにしても、そこまで本格的な句会を想定していたわけではなかったと思う。清原さんや後藤さんをはじめ、風紋で集まり、皆で飲み食いする親睦会のつもりでいた。僕ものつもりではあった（といっても本気で句は作ってたけれど）。

ところがメンバーが変わっていくうちに、趣旨も変わった。端的にいえば、うまい人たちが集まりすぎてしまったのだ。中には本気でダメ出しをする人も出てきて、僕は徐々に嫌になってしまった。

もちろん俳句がうまくなることは悪いことではない。でも、風紋のお客さんではない人に、そこまで言われたくないという気持ちがあった。それで、だんだん句会はつまらなくなったのだ、僕にとって。聖子さんもよくこぼしていた。「みんな本気なんだもの」と。ただ、最後まで苦心された清原さんには申し訳なかった。

一回目の優勝者は聖子さん。次の句だ。

ラッセラー一瞬の夏燃える人

僕も票を入れたけれど、断トツだったと思う。

その後、春になると吟行に出かけた。風紋から遠くない新宿御苑の桜を観て、句を作る。いつもは宿題だったけれど、このときは即興。皆が黙って桜を観ているのは、傍から見たらおもしろい光景だった。目が虚ろになっていて、心は言葉を追いかけている。

鴨鍋を皆で突いたこともあった。食べ物をそれぞれが買い込み、句会のあと、鍋を囲む。誰かが、からすみを買ってきた。初めて食べたが、それきり口にしていない。

僕は二回トップになったことがあった。確か連続だったと思う。遂に覚醒かと思われた。でも、その後の俳句は振るわなかった。

東京四季出版の西井洋子さんが編集長になってから、風紋句会を『俳句四季』で紹介してくれたことがあった。その頃、僕はもう句会にほとんど出ていなかったが、写真に収まっている。十年目の節目だったと記憶する。

14　年の差の離れた不思議な友情みたいなものが生まれた

青森旅行後、不思議な友情みたいなものが生まれた。

粕谷さん、松本さん、僕は三人で飲みに行くようになった（厳密には、僕は食う、だ）。最初は亀戸だった。発端はさっき触れたけれど、旅行の初日、新幹線で松本さんが広げた弁当箱にある。

旅行後、聖子さんは松本さんから、あの弁当の作り手について聞き出していた。なにやら亀戸の「あおもり（仮名）」という飲み屋の女将さんが作ったらしい。

「よし、その店に行こう」

粕谷さんは松本さんに案内させた。松本さんも満更ではない。嫌だ、とは言わなかった。亀戸駅で待ち合わせ「あおもり」へ行く。

「いらっしゃい」

女将さんは四十代後半くらいの色の白い人だった。さっぱりとした津軽美人。粕谷さんも僕もついにやけてしまった。

三人で飲み食いしているうちに、松本さんが少ししんみりし始めた。どうしたのかと思うと、目を光らせている。どうやら家族のことで悩みがあったようだ。それをぼそっと打ち明けてくれた。何かの意見を求めているわけではない。ただ、聞いてほしい。それだけだったと思う。松本さんがトイレに行ったとき、

「松本君もいろいろ大変なんだなあ」

と粕谷さんが呟いた。

「あおもり」を発ち、タクシーで風紋に向かうことになった。車中、近々発売される粕谷さんの刊行物の話となった。さっきまでのしんみりした空気も忘れ、松本さんがにやっと悪戯っ子のような顔つきになる。

「粕谷さんの中で一番おもしろいのは『中央公論社と私』だよ」

僕は粕谷さんと親しくなってから、何冊か粕谷さんの書籍を読んでいた（今はほぼすべて持っている）。松本さんが言うように、たしかに『中央公論社と私』はおもしろい。中央公論社が一九九九年に経営危機により、読売グループ傘下となった頃に出ていた。粕谷さんの半生記ともいえる内容で、中央公論社の歴史を辿ってもいる。

中央公論社の歴史を振り返るつもりはないが、粕谷さんは深沢七郎の「風流夢譚」事件、『思想の科学』廃棄事件の渦中に、どっぷりと浸かっていた（両方の事件については、ぜひ『中央公論社と私』をご参照あれ）。聖子さんは、その頃の粕谷さんは体調が悪そうで心配だった、と言っていた。

少し長いが、粕谷さんが中央公論社を辞めたときのシーンを引用する。当時の嶋中鵬二社長との電話のやりとりだ。

あなたは馬鹿だ。クビにしたければ解任すればよい。自分が悪者になりたくないからといって、部長たちに意見を強制するなどは会社の人事できいたこともない。（中略）
自分でも何で爆発してしまったのかわからなかったが、ただながい嶋中さんとの信頼関係もこれで終わってしまったという思いが全身に溢れ、争議中も醒め切っていた感情が急に高まり、どっと涙が溢れ、その涙はいつまでもとまらなかった。

粕谷さんは実に熱い人だったのだ。

でも、まさか『中央公論社と私』が一番おもしろいです、なんてことを口にするとは思わなかった。僕はひやひやした。粕谷さんの顔を覗き見ると完全なる苦笑い。内心はわからないけれど、松本さんは怒られなかった。

風紋で聖子さんに「あおもり」の報告を済ませる。松本さんはいつも通りビール。というより、ビールしか飲まない。そのうち、松本さんは風紋に薄口のグラスを自分で買ってきて置くようにしていた。僕も真似して、何度か買ってみたが、あっさり割ってしまう。

聖子さんの亡きあと、卓さんと三鷹・禅林寺で会った。そのとき、卓さんが袋を渡してくれた。小さな箱と紙袋がある。紙袋には残り一冊しかない『風紋25年』。そして、箱には……

「南田君にだったら、松本さんも喜ぶと思うから」

開けてみると、松本さんが愛用していた薄口グラスが収まっていた。今は怖くて使えないが、そのうち、無理してでもビールを飲んでみようと思う。

その後も、粕谷さんと松本さんとの交流は続いた。

二月に渋沢孝輔さんの「啼鳥忌」があると書いたが、夏には野原一夫さんの「野原忌（読み方は「のっぱら忌」）」がある。前にも書いたが、僕は野原さんにはお会いしたことがない。もう少し長生きしてくだされば、お会いできたと思う。けれど、僕が太宰ファンということもあって、「のっぱら忌」に参加させてもらった。

この席で、粕谷さん、松本さん、僕、恋人の莉子が写真に収まっている。撮影してくれたのは、えりこさんだった。えりこさんは撮影する前に、

「はあい、笑って」

と言った。僕らは不器用にそれぞれ笑った。そのあと、

「今度はブスッとして」

と注文され、皆器用にブスッとした。その二枚の写真が手元に残っている。本当に楽しい時間だった。

15　風紋で会った印象的な人々

ここで少し本筋から逸れるけれど、風紋で会ったお客さんで、個人的に印象に残っている人たちを紹介する。時間軸もばらばらだが、ご了承願いたい。

一人目は、高井有一さん。「北の河」を書かれ芥川賞を受賞した小説家。

まだ僕が風紋に通い始めてまもなく、曜日ははっきり覚えている。土曜日だ。高井さんが二人連れで風紋にやってきた。本棚近くのカウンターに座った瞬間、僕は、あれっとなった。どこかで見たことのある方だ。でも『風紋30年アルバム』じゃなさそうだ。誰だろう。

考えながら、ちらちらお顔を拝見して気づいた。ああ！　太宰治賞だ。当時、僕は太宰治賞に小説を

応募していた。そのときの選考委員のお一人が高井さんだった。筑摩書房から出ている太宰賞の冊子にお顔が載っていて、それで覚えていたのだ。

その日、なぜだか聖子さんは休みだった。卓さんが僕の異変に気づき、

「どうしたの」

と聞いてくる。

「あの方、高井有一さんですよね」

ひそひそ言う。すると卓さんがカウンター内を移動し、

「あの青年が高井先生ですか、と聞いていますけど」

とご本人に尋ねた。ああ、本人に聞いちゃったよ、と僕はわちゃわちゃしていた。高井さんは穏やかに笑って、

「ええ、高井ですよ」

と答えてくれた。僕は太宰賞に応募していて云々と話した。

「ちょうど今日が選考会で、その帰りなんですよ。久しぶりに風紋に行こうとなって」

あとから読み返したら、『風紋30年アルバム』に高井さんは写っていらした。聖子さんに会えず残念そうだったが、僕が高井さんとお会いしたのは、一度きり。太宰賞選考委員つながりで言えば、小説家・吉村昭の方がよく風紋には来ていたろう。

次は村井志摩子さん。劇作家・演出家として活躍されたが、そもそも聖子さんの古くからのお友達だ

った。それに当時、聖子さんと同じマンションに住んでいた。

志摩子さんと聖子さんは二十代のとき同棲している。そこでは、聖子さんのかつての恋人・出英利も一緒だった。出は哲学者・出隆の子息で、太宰の弟子だった。同棲時代、一九五二（昭和二十七）年、出は中央線に轢かれて亡くなってしまった。そういう辛い過去があることも、僕は知っていた。

志摩子さんは「広島の女」という舞台を何度も上演しているが、きっと聖子さんがモデルなんじゃないかと思う。僕も一度だけ観に行った。

ふらっと志摩子さんは風紋にやってきて、さっとカウンターに腰かける。軽やかに話す人で、ざっくばらんでおもしろい。僕が風紋に通い始め常連となってから、よく志摩子さんと鉢合わせた。

「あなた、若いのになんでそんなに優しいの」

唐突に志摩子さんに言われたことがあった。その頃、僕は恋人の莉子をよく風紋に連れてきていた。そのやりとりでも聞いていたのかもしれない。

当時の僕は、この言葉を褒め言葉と受け取っていた。けれど時間が経ち、三十代を過ぎ、四十代になるにつれ、決して褒め言葉ではなかったのではないか、と思い始めていた。社会に出ると、優しさが仇になることが、ままある。特に組織の論理において、優しさは不要とまで言わないけれど、足を引っ張ることがある。実際、僕はあるお世話になっている方に言われた。

「あなたは人が良すぎる」

このとき、若い頃に言われた志摩子さんの言葉が思い出された。

この方は、決していい意味で「人が良い」と言ったわけではなかった。半ば呆れていたのかもしれない。

そう、呆れ。当時の志摩子さんも僕に呆れていたのだろう。この青年は、こんな優しくって大丈夫なんだろうか。社会で生きていけるんだろうか。もっと強くありなさい。そう叱咤していたのかもしれない。だが、残念ながら、三つ子の魂百まで。僕は変わっていない気がする。


続いて松山俊太郎さん。インド哲学の研究者。その日、まあまあ風紋は混んでいた。扉が開いて、松山さんがゆらっと入ってきた。あっ！ あの松山さんだ！ すぐに気づいた。『風紋30年アルバム』では脚本家・石堂淑朗さんとドイツ文学者・種村季弘さんと鼎談をしている。聖子さんや卓さんの口からも聞いたことがあり、一風変わった人、という強烈なイメージがあった。

松山さんはカウンターの僕の隣に座った。何かされるんじゃないか、突拍子もないことを言われるんじゃないか、と身を縮こまらせた。気配を消した。

松山さんは左の手首から先、右手の指も二本ない。器用にグラスをつかんで飲んでいる。まじまじと見てしまう。そのうち陽気になってきて「おっぱい、おっぱい」と歌い出す。

その日、松山さんとは一言も言葉を交わさなかった。のちに、僕が『風紋五十年』を刊行するとき、パーティーに来てくださった。けれど、その姿を拝見していない。見た人が言うには、ふらっとやってきて、ふらっと消えてしまったとのことだった。

時代は少し下るが、又吉直樹さんも風紋に来た。当時、「火花」で芥川賞を受賞しており、ゴールデン街の文壇バー「月に吠える」のコイヌマカズユキさんが取材のため、風紋に同伴していたのだ。

その日、僕は風紋に行く予定はなかった。仕事をしていて、風紋から着信が入る。

「あ、南田さん。今日ね、又吉さんという方がいらっしゃるの。ご存じでしょ」

「ええ、芥川賞を取られた」

「そうみたいね。よかったらいらっしゃらない?」

聖子さんの声が少しだけ心細そうに聞こえた。この頃、聖子さんはもう八十五歳を超えている。お元気ではあったが、一人で対応する自信がなかったのかもしれない。僕は仕事を適当に切り上げて、新宿に向かった。

晩御飯も食べず風紋に行くと、本棚近くのカウンターに又吉さんが座っている。隣にはコイヌマさんがいて、なにやら話しかけている。雰囲気からして、もう取材というかインタビューは始まっていた。

聖子さんはカウンター内の奥扉近くに座っていた。この頃の聖子さんの指定席だ。膝がすっかり悪くなり、なかなか歩くのがしんどくなっていた。

「こんばんは。もう始まってるんですね」

「そうなの」

聖子さんとボソボソ話し、あまり邪魔にならないよう聞き耳だけ立てていた。

時折、コイヌマさんと又吉さんが聖子さんに声をかける。又吉さんは太宰ファンで知られるから、一度風紋に来てみたかったようだ。取材が終わり帰るとき、僕も名刺だけ渡して、一言二言だけ話した。

聖子さんはひと安心したようで、又吉さんたちが帰ったあと「あんなに髪の長い人なのね」と驚いていた。

その後、又吉さんとは二〇一八年六月十九日に会った。なぜはっきりと日にちまで覚えているかというと、桜桃忌の日だったからだ。会ったというより遭遇したと言った方が正しい。

僕もこの日、桜桃忌に向かい三鷹の禅林寺にいた。太宰の墓に近寄ると、又吉さんが一人で立っている。太宰ファンなのか又吉さんファンなのかわからない女性たちが、一緒に写真を撮ってほしいとせがんでいる。又吉さんは嫌がる顔もせず、カメラに収まっていた。

僕は一足早く墓所から出て、お堂の近くにいた。すると、やはり一人で又吉さんがとぼとぼ歩いてくる。顔色が冴えない。梅雨の蒸し蒸しした時期なのに、青白い。

「こんにちは」

「こんにちは」

「以前、風紋で会った南田です」

「ああ……」

残り十日ほどで風紋は閉幕を迎える時期だった。僕が伝えると、

「それは残念ですね」

と又吉さんは呟いた。

「ええ、聖子さんももうお年ですから……」

またよければ風紋に、とは言わなかった。閉幕の会もあるけれどお誘いはしなかった。来たければ来るだろうし、無理強いする気にはならなかった。

又吉さんは丁寧に頭を下げてから、禅林寺を後にした。ゆっくりとした足取りで。陽炎のようだった。

風紋で太宰関係者に会う、ということはほとんどなかった。津島家の方でいうと、太宰の甥・津島慶三さんが何回かいらしている。青森で歯科医を務める津島克正さんもいらした。僕はそのとき、居合わせてはいないと思う(津島克正さんとは青森でお会いしている)。太宰の娘・園子さん、津島佑子さんもいらしていない、少なくとも僕が通い始めて以降には。

一方で、もう一人の太宰の娘・太田治子さんがいらしたとき、僕も風紋にいた。もう自分の出版社を起こし、太宰関連の書籍も作っていた。おそらく二〇一五年以降だろう。その日、僕は一人で来ていた。何人かが風紋に入ってきて、奥のボックス席に座る。ぱっと見たとき、すぐに太田さんだとわかった。やはり太宰に似ているのだ。

聖子さんと、ちらっと目が合った。特に言葉にしないけれど、「気づいてるでしょ?」という顔をしていたので「わかってます、太田治子さんでしょ」というふうに頷いた。

このとき、僕は自己紹介をしなかった。太宰の本を出しています。出版社をやっています。そういうことを話して、何になるんだろう。というより、僕は太田さんに何かを聞きたいと思ってもいなかった。というより、何を聞けばいいのか。それに、お連れの人たちもいる。割り込んでいくのも無粋と思ったのだ。

聖子さんも太田さんとは面識があったわけだけれど、昔のように僕を「太宰さんの卒論を書いて……」云々という紹介をしようとしなかった。僕にも引き合わせようか、とも聞いてこなかった。たぶん何か察してくれたんだと思う。僕の気分が乗っていないことに。結局、僕は太田さんたちがいる間に、風紋を後にした。

先に触れた寺田博さんは、「最後の純文学編集者」と呼ばれた方だ。寺田さんにおいても後悔がある。晩年、寺田さんは僕に対してご立腹だったから。

僕は純文学を志向していた。だから、寺田さんの過去のお仕事にはとても関心があった。それこそ寺田さんには、なんとか自分の小説を読んでもらいたい、と考えていた。風紋の忘年会で初めてお会いしてから、なかなか寺田さんに会えない。

「寺田さんは夜遅い方なのよ。十二時過ぎとかにいらっしゃるから」

聖子さんが寺田さんの〝生態〟について教えてくれた。寺田さんは風紋の近くの風花に寄ったりしてから、風紋に来る。あるいは逆。とにかく普通の時間には来ないようだった。

聖子さんも卓さんも、僕が寺田さんに会いたがっていることを知っていた。僕が金曜の夜、終電近くまで粘っているのは寺田さん待ち、という目的もあった。翌日になると卓さんが報告してくれる。

「昨日、寺田さん来たよ。もう閉めようかなと思ったら」

「何時頃でしたか」

「もう一時回ってた」

「やっぱり遅いんですねぇ」

そういう日が続いた。それでも稀に寺田さんが二十二時過ぎくらいにやってくることがあった。よし、来た！　寺田さんが入ってくると、僕はそわそわした。寺田さんは大体一人で飲みにくる。そのときは、不思議なお酒を持参していた。半分凍っている日本酒。僕も飲めないくせにご相伴にあずかった。

「あ、私もちょっといただこうかしら」

聖子さんは卓さんに小さいグラスを取ってもらう。僕が風紋に通い始めの頃、聖子さんはまだお酒を飲んでいた。けれど年々飲まなくなった。飲むとしたら、忘年会の時期。ホットワインが定番となっていたのだが、それだけは飲む。もともとお酒に強い人だったらしいが、病気を患ってから控えるようにしていた（食欲は旺盛だったけれど）。

寺田さんの隣に座り、文学の話になった。

「何を読むんですか」

寺田さんは聞いてくれた。太宰のことは別として、小島信夫の名を告げたら、寺田さんが反応した。

「小島さんの会話文が好きなんです」

「そうですか。僕も小島さんの文学は好きですよ」

おお、やっと寺田さんと話せた。でも、時間がもうない。仕方なく僕は途中で帰ることにした。

その後、聖子さんが寺田さんから預かり物があると言って、一枚のチラシを渡してくれた。何だろう、と思って受け取ると内田百閒文学賞の募集要項が書かれている。どうやら寺田さんも関わっているようだった。というのも、内田百閒は岡山の出身だが、寺田さんが昔勤めていた福武書店（現ベネッセホールディングス）の所在地も岡山だからだ。

「寺田さんが、よかったら応募してみないかって」

卓さんが補足してくれる。

「はい。送ってみます」

寺田さんに小説を読んでもらえるかもしれない。少し枚数が多かったけれど、チャレンジしてみようと思った。

「でもなんかね、条件があって、岡山のことを題材に入れないといけないみたいだよ」

確かに応募要項には書いてある。岡山のことなんて何も知らない。大体行ったこともない。僕は苦心の末、ようやくきびだんごを無理やり登場させることしかできなかった。もちろん結果は散々なものだ。寺田さんが読んでくれたのかもわからない。

編プロ時代、僕は小島さんに原稿をもらったことがあった。その後、さらに小島さんと新たなお仕事ができないだろうかと思い、寺田さんにお手紙を書いた。寺田さんと小島さんで対談していただけないか、と。寺田さんはご丁寧にお手紙をくださった。おもしろいかもしれない、と乗ってくれた。

一方、小島さんとは電話で何度か話すことができた。意外だったのは、小島さんは高齢にもかかわらず、よく話すことだった。

「僕は自分の書いたものは読み返さないんだ」

「『別れる理由』もですか」

「そう。でも誤字脱字はないだろ」

『別れる理由』は当時文庫化されていなかった。箱本で三冊もある。しかも二段組。なかなかのボリュームである。小島文学最大の〝難書〟といっていいだろう。

長いときは一時間くらい話すことがあった。僕は自分のことを話すことはほとんどなく、小島さんの話を聞いている。楽しい時間だった。

「あ、申し訳ない。蕎麦屋が来てしまった」

「わかりました。では、またお電話します」

「うん、わかった」

けれど、これが最後の会話となってしまった。小島さんはその後まもなく倒れてしまい、しばらく入院したあと、二〇〇六年に亡くなられた。

没後、文芸誌の『群像』が小島さんの追悼特集を組んだ。そのとき、文芸評論家の千石英世さんが、僕が作ったリトルマガジンのことを紹介してくれた。なんともありがたいことだった。

寺田さんとはその後、連絡を取り合わなかった。僕も編プロをやめてしまっていたので、企画は宙ぶらりんになった。人伝てに寺田さんが怒っていると耳にした。小島さんの件だけではなかったと思う。編プロを辞めるにあたり、片山書店（仮名）に入るにあたり、僕は様々な困難に対峙しないといけなかった。

寺田さんは僕が片山書店にいる間に病に倒れ、二〇〇八年に亡くなられた。お見舞いにも伺うことができず、謝罪もできなかった。本当に後悔しかない。

最後に触れておきたいのは、立澤節朗さん。あまり聞き慣れないお名前かもしれない。立澤さんは長野・塩尻にある古田晁記念館の館長を務めていた方だ。第一部でも登場するが、古田晁は筑摩書房の創立者で、太宰を熱狂的なまでに支持した人だ。

僕が初めて風紋に行ったとき、聖子さんに出身や住んでいるところを聞かれた。

「府中です」

「府中のどちら?」

「分倍河原です」

「あ、私一度行ったことありますよ。お客さんの息子さんが早くに亡くなられて、ほら、駅の近くにお寺ありますでしょ」

「高安寺ですね」

「そういうお名前だったかしら。そのご葬儀に行ったんです」

こういう会話を覚えていた。風紋に通うようになってから、この話を改めて聞いたことがある。

「そのときの葬儀って、誰の息子さんだったんですか」

「古田さんの記念館の館長されてる立澤さん。あの頃、出版社にお勤めで府中に住んでらしたのよ」

立澤さんのお名前は何度か耳にしたことがあったので、存じ上げていた。ああ、立澤さんのご子息だったのか、と思い、家に帰った。高安寺のある場所は、母の実家のすぐそばだった。だから、母に立澤さんの話をしてみた。

「え、あの立澤さんのこと?」

「知ってるの」

「知ってるも何も、ケンジは親友だったんだから、息子さんと」

世間は狭いものである。ケンジというのは母の弟、僕にとって叔父となる。早速、普段めったに叔父に連絡などしないのに電話をかけた。

「ああ、随分懐かしい話だなあ」

それから間もないうちに、叔父が府中にやってきた。

「部屋を片付けたら、こんなのがあった」

叔父が差し出したのは一冊の本だった。それは立澤さんが作った息子さんの書籍。いろいろな思い出などが込められている。

「ほら、一緒に写っている」

叔父と立澤さんの息子さんが写っている写真が掲載されていた。二人は中学の同窓生だったらしく、家が近いこともあり親友だった。そういう話を聞いて、聖子さんにも教えた。

「へえ、そんなことがあるのね。今度立澤さんがいらしたら、お話しされたら」

「はい、そうします」

とはいえ、立澤さんは長野にいるので、あまり風紋には来ない。

ある年の風紋の忘年会のときだった。機会が訪れた。立澤さんが長野からいらしたのだ。写真で立澤さんのことは知っていたので、声をかけようと思ったが、ボックス席に座っておられ、ぎゅうぎゅうで入る余地がない。両隣の人と楽しそうに話しているので、割り込むのも憚られた。また落ち着いたら話しかけよう。

しかし、立澤さんはその日に長野に帰らないといけないので、早くに店を出てしまった。しようがない。またの機会に、と思っているうちに、月日は流れた。立澤さんとはその後、お会いすることはなく、遂に亡くなられてしまった。

僕の手元には、叔父から預かったままの書籍がある。この本を立澤さんに見せたところで、喜んでくださったかどうかわからない。でも、少なくとも思い出話に花を咲かせることはできたはずだ。苦く甘い味だったとしても。

僕は風紋において、後悔していることはいくつかあるが、立澤さんの件は大きな後悔でもある。

16　君は君のままだから

二〇〇四年十一月、ふと僕に、飽き性の風が吹き付けてきた。数年に一回吹き荒れる風に抗うことはない。三年勤めた古本屋を辞めようと思い立った。できれば出版関係の会社でバイトをしたい。いろいろ求人を探した。その頃は、まだ求人サイトは今ほど発達していなかったけれど、会社のホームページなどに掲載されていることが多かった。すでに新卒ではないし、経験もない。求人に応募する資格さえないことがわかる。

それでも探しているうちに、編集プロダクションの面接にこぎつけた。そして、すぐに採用が決まった。しかもバイトではなく正社員として。まさか自分が会社員になるとは思わなかった。バイトを替えようと思っただけだったのに。

当時交際していた莉子は喜んだ。小説家になりたい、という夢を捨てたわけではないけれど、僕には予感があった。あ、もう書けなくなるな、と。前ほど風紋には通えなくなるな、と。

その頃、相変わらず粕谷さんと松本さんとの交流は続いていた。ただ三人で会うというよりも、二人きりで会ったりすることが多かった。特に、粕谷さんとは。

例の風紋句会に莉子が参加するようになった。莉子は特別文学好きというわけではなかったが、頑張って句を作っていた。提出する際、僕らは事前にどんな句を作ったか聞かないようにしていた。直接、莉子は清原さんに提出していたのだ。そうじゃないと、おもしろくない。

粕谷さんが思いのほか、莉子のことを気に入っていた。

「いい子じゃないか」

僕にも言ってくれた。

粕谷さんは世間的にも〝名士〟と言えたので、いろいろな講演に呼ばれることがあった。地元豊島区の「池袋モンパルナスの会」で行われた講演に、僕は聖子さんと聴きに行った。普段、堅物みたいな印象の粕谷さんが、どういう話をするんだろう。興味津々だった。と同時に、不遜にも、父兄参観日に自らの子を観に行く親の気持ちみたいなものもあった（実に失礼な話だ）。

池袋モンパルナスとは、大正末期から昭和初期、画家たちが住んでいた豊島区の池袋、椎名町、要町、長崎辺りを指す（漫画家たちが集った「トキワ荘」も近い）。ざっと画家名を挙げると、寺田政明、長谷川利行、松本竣介、靉光《あいみつ》、丸木位里・俊、古沢岩美など。命名したのは詩人・小熊秀雄だ。

粕谷さんは詩人のアーサー・ビナードさんとのエピソード話を披露した。

「小林秀雄ではなく、日本には小熊秀雄がいるじゃないですか」

ビナードさんは粕谷さんに初めて会ったとき、そう言ったという。それで、粕谷さんはビナードさんのファンになったそうだ。僕の心配（？）をよそに、粕谷さんの話はおもしろかった。へえ、こういうおもしろい話もできるのか、すごいなあ、と偉そうに感心していた。

この日は、作家の森まゆみさんも登壇した。森さんというと、二〇一一年に『聖子　新宿の文壇ＢＡＲ「風紋」の女主人』を出された。長らく聖子さんのことを取材していたのだ。僕はこのときが初対面だった。

親しみやすい森さんは、これから沖縄料理「おもろ」に行かないかと聖子さんを誘った。僕も乗っからせてもらいついていった。まともに沖縄料理を食べたことがなかったので、よく覚えている。森さんというと、もちろん『谷根千』の方だが、僕の中では、なぜか沖縄の人になっている。その後は、もちろん風紋に流れた。

ビナードさんが「小林秀雄より小熊秀雄だ」という話で粕谷さんを惹きつけた。粕谷さんは同じようなエピソード話を僕に聞かせてくれたことがあった。

作家で評論家でもあった坪内祐三さんは、キャリアを『東京人』の編集者からスタートさせている。ダイヤモンド社の社長・坪内嘉雄のご子息で、粕谷さんは父の坪内氏から相談を受けたという。息子を『東京人』で修業させてくれないか、と。それで面接することになった。

その頃、坪内さんはニューヨークに旅行に行ったようで、面接のときにも話題に触れた。粕谷さんが、

「ニューヨークはどこがよかったか」

と聞いた。すると坪内さんは即答した。

「古本屋です」

このとき、粕谷さんはやられた、と思ったという。

「南田君も口説き文句を持っているといいよ」

このエピソードを話しているとき、粕谷さんはにこにこしていた。


あるとき、粕谷さんから連絡が来た。何事だろうと思っていると、演劇を観に行かないかというお誘いだった。

「一緒に莉子さんもどうだ。うちも家内を連れて行くから」

びっくりした。まさか莉子も誘ってくれる上に、奥様もいらっしゃる！　もちろん断るはずがない。

場所は俳優座劇場だった。残念ながら演目を覚えていない。ただ、当時、粕谷さんの仕事関係のお知り合いの演劇だったと思う。演劇が終わり、近くのお店で食事をした。粕谷さんの奥様・幸子さんは知性のある方で、僕らに気を配ってくださり、いろいろと話を聞いてくれた。その間、粕谷さんは黙っている。

粕谷さんが亡くなったあと、『名伯楽 粕谷一希の世界』という書籍が刊行された。粕谷さんの追悼書である（僕も寄稿させていただいている）。その中に「〝夫〟に関するいくつかのこと」と題し、幸子夫人が書かれている。少し引用。


（前略）夫が、一度だけ、一方的に喧嘩を売りつけたことがある。たしか風流夢譚事件の後始末で、連日深夜の帰還、疲れていたのだろうが迎える私の方も疲れていた。

（中略）夫は大声で、それもいきなり、

「オマエさんは、オレがよくて結婚したのか、中央公論がよくて結婚したのか、言ってみろ！」

さっき『中央公論社の私』も引用したように、粕谷さんはいろいろな問題に直面していた。幸子夫人にも喧嘩を売りつけるほどに。その粕谷さんの言葉に対し、幸子夫人はこう答えている。

「そのどちらか一つが大好きだったら、それで、いいじゃないですか」

言い放ったあと、泣いた。泣きながら夫の愚問に対して私のは名言だと思った。


本当に名言だと思う。この一文を読んで、僕は胸が詰まった。

一方、莉子は特に文学が好きだったり演劇が好きだったり、本が好きだったわけでもない。だから話にはついていけないだろうし、だいたいそもそも当時の僕だって、粕谷さんの底知れぬ知性にはついていけなかった（今だって到底及ばない）。

僕が粕谷さんといるとき、何か特別なことを話したかというと、そうでもない。結構黙っている時間も多かった。熱い文学議論など、とても交わせない。初めて会ったときは、粕谷さんがどういう方か知らず、知ってからも旅行などに行くうちに、親しくしてもらっていた。だが、粕谷さんの本を読んだり、就職して社会に出るうちに、粕谷さんは立派な人だったんだな、と改めて気づかされる。となると、やっぱり徐々に畏れ多くなる。若さって大事だ。人を大胆にさせる。

粕谷さんと一緒に歩いているとき、ふと粕谷さんがこぼしたことがある。

「君は余計なことを喋らないからいい」

そういう風に思っていたのか。いや、違いますよ。粕谷さんとはとても対等に話せないから、黙っていただけです。もちろん、僕はそんなことは口にしなかった。

「あ、そうですか」

頭をふらふら下げて恐縮するだけだった。


僕が就職した編プロはとても小さい事務所だった。最初は仕事に慣れるというより、生活の変化に慣れることに苦労した。誰もが味わう苦労だが、僕はそれを二十五歳になって初めて実感したのだ。

同僚の七原さん（仮名）は詩人で、荒川洋治さんのお弟子さんだ。僕より一歳年長の男性だが、文学の話をするようになり仲が深まっていった。事務所は池袋と目白の間にあり、粕谷さんのご自宅の近くだった。思わぬ偶然だ。僕は七原さんに粕谷さんのことを話した。

「南田さんは、なんでそんな方を知ってるの」

聞かれたから、風紋のことを説明した。

「へえ、おもしろいところに出入りしてるんだね」

七原さんも下戸だから酒場とは縁遠い。師匠の荒川さんも下戸だと聞く。

「今度、粕谷さんのお宅に行ってみませんか」

「ええ、いいの」

「まあ、社長にはテキトーに嘘ついて」

僕らは勤務中にもかかわらず、新しい企画のため、と偽って、粕谷さんのお宅を訪問した。粕谷さんも事情を話したら、快諾してくれた。粕谷さんの応接間には自作の書が飾ってある。でもやっぱり本棚に目が行ってしまう。ご自身の書斎も見せていただいた。

「粕谷先生は、今どういう作家に注目されているのですか」

七原さんは物書きという人に対して、一定の敬意を抱いている。ちゃんと〝先生〟と敬称を添えて話し掛けるので、僕はハッとした。

「今は安吾に注目している。あ、太宰もだ」

粕谷さんは僕の方を見て、にこっと笑った。粕谷さんの年代にとって、太宰の存在はぴったりと言える。戦後、粕谷さんは東京大学法学部に在学しており、すでに雑誌の編集をしていた。

「お前さんの面は雑誌づらをしている」

友人にそう言われたらしい。『中央公論社と私』に書いてあった。僕はこの箇所を読んだとき、思わず噴いてしまった。うまいこと言うなあ。

その頃は、筑摩書房の雑誌『展望』が人気だった。『展望』というと、太宰の「人間失格」。粕谷さんも当時読んでいたのだろう。

粕谷さんは僕が太宰にこだわりを持っていることは、もちろん知っていた。年を重ね、太宰を読み返しているとも言っていた。不思議なもので、僕の周りのご年配の人は、こういう人が多かった。のちに風紋に何度かいらしたロシア文学者の亀山郁夫さんも太宰を読み返している、と聖子さんに言っていたそうだ。

良くも悪くも就職したことで、僕の世界は広がった。粕谷さんは僕に言ったことがある。

「小説を書くのは三十代四十代になってからでもいい。井上靖だって司馬遼太郎だって早いとは言えない。南田君も一度就職してみたらいい」

そのとき反発する気持ちはあった。けれど社会に出てみて、なるほどと思わされた。いくらアルバイトで必死に働いても責任の重みが違った。給料が増えたということもあるけれど、自分の決裁で動くことが増えた。特に重圧というものはなかったけれど、僕に降りかかる仕事量は多かった。僕はいつしか編集長という、よくわからない肩書をもらった。

粕谷さんの助言は、ある意味当たっている。今の僕は四十代、こうやっていろいろ書いたりしている。二十代の僕は書きたくても書けなかった。二十五歳を最後に小説は書けず、その後、独立するまで七、八年は書くことをやめてしまった。

世界が広がったことで、当然僕には出会いが増えた。莉子はそのことを、とても懸念した。そして莉子の予感は的中した。僕は他の女性に惹かれつつ、かたや莉子と結婚しないとならないという葛藤に陥っていた。結婚願望はなかったけれど、莉子は僕より一つ年上で、三十路に入る前に何かしら決断する必要があった。三十代になれば、まだ若いんだから、と思えるが、二十代から見る三十路の道は崖の向こう側にあるような気がした。一人で飛ぶのか、二人で飛ぶのか。距離はどれくらい離れているのか。実感が持てない。

僕らは三十路になる前に別れる決断をした。しばらく気持ちが塞ぎ、池袋の街を夜歩いていると、自然涙がこぼれることもあった。ああ、莉子と別れてしまった。「姥捨」とはこういうことか。太宰のことを考えたりした。

風紋でも聖子さんや卓さんに報告した。

「しょうがないわよ」

聖子さんは僕を責めることもせず、根掘り葉掘り聞こうともしなかった。

その頃、また池袋モンパルナスの会の講演会があると聞いた。今回も粕谷さんが登壇するという。事務所から近いので僕は一人で聞きにいった。

講演が終わり、粕谷さんのところに挨拶に行くと、粕谷さんは口を丸く開けた。驚いたような表情をしている。

「南田君、このあと打ち上げがあるんだ。君も来なよ」

「はい伺います」

池袋モンパルナスの会の会長は玉井五一さん、元は創樹社という出版社の編集者で小熊秀雄や尾崎翠の全集を出した。玉井さんはなんとも不思議な人で、「やあやあ」とにこにこ笑って近づいて来てくれる。

池袋の居酒屋に行くと、玉井さんをはじめ二十人くらいが集まった。主賓は粕谷さんである。宴会が始まってしばらくすると、粕谷さんが僕に囁いた。

「ここを出よう」

「え」

粕谷さんは玉井さんたちに挨拶し、いつものオレンジのハットとオレンジのダウンベストを羽織った。

僕は急いで身支度し、後を追った。主賓なのに出て行っちゃっていいのか。ヒヤヒヤしながら粕谷さんに従う。

「おでんは好きか」

「はい」

ほんとはそんなに好きじゃない。

「じゃあ行こう」

小綺麗な小料理屋の戸を開く。着物を着た女将さんがカウンター上の鍋に菜箸を突いていた。

「いらっしゃいませ」

いい具合に混んでいる。静かな店だと気づまりだから、ちょうどよかった。

「好きなの食べなさい。お酒は無理しなくていい」

「ありがとうございます」

僕はちくわぶと大根をもらって、ゆっくり食べた。なんだ、おでん悪くないじゃないか。

粕谷さんのご自宅と事務所が近いから、頻繁にお会いしていた。仕事の近況は話のネタにはならない。

静かに飲み食いし一時間もしないで店を出た。

「もう一軒行こう」

「え、はい」

珍しいことだった。ああ莉子のことだな、とようやく察した。粕谷さんは風紋で聞いていたのだろう。僕と莉子が別れたことを。僕も粕谷さんには報告できないでいたのだ。

「ここにしよう」

粕谷さんが指さした店は、いかにも若い人向けの黒い外壁の店。英語で店名が書かれている。店内は暗く、カウンターにはタトゥーの入った男の人がいた。ハードめなロックがかかっている。まったく粕谷さんに似合わない。緊張しつつも笑ってしまった。粕谷さんはハイボールを、僕はジンジャーエールを頼んだ。

粕谷さんはおもむろに、若い頃の失恋話をし始めた。粕谷さんは幸子夫人の前に結婚するお相手がいたそうだ。でも家の反対に遭い、叶わなかった、と。

「莉子さんと別れたんだってな」

「はい……本当にすみません」

粕谷さんは莉子を気に入ってくれていた。一緒に演劇も誘ってくれた。莉子が作った俳句が好きだと言ってくれていた。僕はそんな莉子と別れてしまった。詫びる気持ちしかなかった。

粕谷さんはしばらく黙ったあと、ポツリと言葉にした。

「君は君のままだからな」

その言葉を聞いて、僕の胸がすっと軽くなった。莉子と別れたことで、僕は悪人になってしまったと自暴自棄に陥っていた。ああ、彼は昔の彼ならず。太宰はいつだっていいタイトルをつける。

僕は涙を堪え、ジンジャーエールを飲み干した。ハードロックが耳に心地よかった。

店の前で粕谷さんは、

「元気出せよ」

と笑った。

「ありがとうございました」

「じゃあ僕はもう一軒寄るから」

粕谷さんの背は池袋西口へと溶け込んでいった。

17 編プロから出版社、そして独立

編プロに入ってから、僕が風紋に行く回数は以前より減っていた。だが、何か恩返しができないかと考えてはいた。

ちょうどいい機会があった。うちの編プロで、とある美術評論家の書籍を担当することになった。主に七原さんの仕事となり、僕はサポートに回った。そのうち、七原さんは体調を崩すようになった。評論家の気難しさと、版元の社長の要求の板挟みにあった。なかなか出社できないこともあった。それでも無事、書籍は完成した。版元の方から出版記念パーティーの段取りをつけてくれないか、と依頼があった。このパーティーの段取りは概ね僕がつけた。

ノンフィクション作家・大野芳さんに誘ってもらったときの出版記念パーティーを思い出していた。あのときは、料理には手をつけなかった。萎縮し、人間観察に没頭した。やまびこ出版の社長と部長との件も苦い。けれど、あのときはまさか自分たちがパーティーを開く側になるとは思いもしなかった。

感慨深い。

パーティーは成功した。その流れで風紋に行くことを社長に提案した。厚生年金会館（当時）からは近い。風紋に電話したら、大丈夫とのことだった。おそらく三十人くらいが風紋に流れ込んだ。

「ああ、俺は昔、ここに行って太宰と会ったことがあるんだ」

酩酊し、上機嫌な美術評論家は僕に言った。でも嘘だ。風紋ができたのは一九六一年、太宰が亡くなったのは一九四八年。僕は訂正などしなかった。もちろん肯定もしない。こういうときはムキになって反論なんてしない。だって間違っていることはわかっているのだ。だったらわざわざ訂正なんてして、余計な議論を吹っかける必要はない。相手は酔っているのだ。きっと酒飲みとの関わり方が身についていたのだろう。風紋には売り上げで少し貢献ができた。僕は何よりそのことにホッとした。

粕谷さんや寺田さんは、雑誌編集者だ。僕はお二人が現役のときの仕事ぶりをリアルタイムで実感してはいない。それでも、徐々に編集者の仕事というものがわかりかけていた。寺田さんの著書『文芸誌編集実記』に興味深い記述があるので、少し長いが引用する。

寺田　私が『文藝』の編集者になって最初に感じたのは戦後文学が世に出ることの後押しを一生懸命され、そして三島由紀夫の『仮面の告白』や、野間宏の『真空地帯』を担当された坂本さんが、当然、戦後文学を擁護した立場で雑誌づくりをされるだろうなと（中略）坂本さんがやられたことは、とにかく戦後文学を批判することからはじめられたのですね。

坂本　（前略）同じ土俵のなかで論争してもらいたいということです。批判と賛成、それにたいする批判と賛成論議をできうるかぎり尽してみたい。その判断は読者に委ねなければならない（後略）

坂本というのは坂本一亀のこと。音楽家・坂本龍一さんの父ということはよく知られている。寺田さんは坂本一亀の元で修業し、名編集者となった。つまり、編集にはバランス感覚が必要だということを、僕も学んだ。

とてもお二人には敵うことはないのだが、この仕事の楽しさ（辛さも）を体感できたのがいいことだった。

だが、僕は編集者のおもしろさを感じ始めていた入社三年目に、またもや秋（飽き）の風に吹かれることになる。編プロを辞めることにした。次は何をしよう、という当てはなかった。あの人に相談してみよう。事務所近くにご自宅がある粕谷さんだった。

粕谷さんのお宅に伺い、いつもの応接間で対面する。僕は今の会社を辞めることを報告した。特別、理由を聞かれなかった。そのうち出版社の話になり、片山書店の話題になった。すると粕谷さんが、

「片山さんに会ってみるか」

と呟いた。

「お願いします」

唐突の流れに戸惑いつつ、頭を下げた。

それからまもなく、僕は片山書店に連絡し、片山さんに会うことになった。粕谷さんが事前に連絡をしてくれていた。面接をしてもらい、片山書店で働くことになった。とんとん拍子とはこのことか。まだ編プロに正式な辞表さえ出していなかった。

二〇〇六年十二月のことだった。引き継ぎもあるから、翌年二月まで編プロにいることとなった。その間、片山書店にはアルバイトという形で、編プロが終わったあと、夜六時に出社する。普通の会社であれば、六時は終業の時間だ。けれど出版社は関係ない。片山書店は早稲田にあるので、編プロからそう離れてはいない。冬の寒空、皆が帰宅するのに、これから出社する。妙な気持ちだった。頭の中では会社を辞めて、新しい仕事に就くことはわかっていても、心が追いついていなかった。

一体、自分は何がしたいのだろう。粕谷さんに何の気なしに相談しに行って、あっさり職場を紹介してもらってしまった。そのときになって、ああ、自分は何も考えず生きてきたのだな、と悟った。目の前にある仕事を確実にこなしてはいたけれど、その仕事や生活が永遠に続くことはない。もちろん若さも続かない、健康だってそうだ。僕は、自分の甘さに気づきつつ、もう漕ぎ始めた船のオールを必死につかんだ。

片山書店に完全に入社したのは二〇〇七年二月、僕は二十八歳になっていた。いくら僕が編プロで編集や校正をしていたといっても、即戦力とはいえなかった。よく上司に怒られた。

社会科学を扱う片山書店は、根強いファンの多い出版社だった。上司も有能な方が多く、僕は知識においてもついていけないと、すぐに自覚した。片山さんはある種のカリスマ性を持った方で、先見性のある編集者だった。社員たちも尊敬の眼差しを向けている。

ただ、僕は中途採用ということもあり、そこまで畏敬の念は持っていなかった。緊張はしつつも、なるべく自分の意見は言うようにしていたし、自分の主義は曲げなかった。それは、時には生意気にも甘さにも見えたろう。

編集などの仕事に加え、書店対応も行う。ほとんどは電話での在庫確認なのだが、僕には新鮮だった反面、出版物を覚えきれていないので苦労した。相手を待たせるたび、上司に叱られる。早く書名を覚えろ、と。上司の一人はこう言った。

「南田さんは恵まれている。粕谷さんの縁故で入社して、いきなり編集の仕事に就いている。本当は営業に回るのが普通なんだ、最初は。今営業で働いている人も編集の仕事がしたいんだ。そのことをわかっていますか」

わかっていなかった。僕は次第に、鬱屈とした日々を送っていた。本当にこのままでいいのか、という思いが強くなる。編プロを辞め、すぐに入社したけれど、それでよかったのか。

はっきりとした計画はなかった。だが、僕はプライベートでホームページを作り始めた。一応ノウハウは持っている。ドメインを取得し、個人事業のような形で自費出版事業のホームページを立ち上げた。

そして、もう一つ漠然と考えていることがあった。太宰治だ。二〇〇九年は太宰治の生誕百年。この一年ほど盛り上がる年は他にないだろう。みすみす指をくわえていいのか。きっと片山書店では太宰関連の書籍は作らない。だったら、自分が。

僕の中に太宰の『カチカチ山』の絵本化の着想はすでにあった。タヌキとウサギが一切登場しない。

子どもの絵本というより大人の絵本。ウサギを人間の少女として描く。そのとき、僕の頭にあったのがオカダミカさんの絵だった。編プロ時代、一緒に仕事をしたことがあり、親しくさせてもらっていた。

「仮にですよ。僕が太宰治の絵本を作りたいと言ったら、ミカさん、絵を描いてもらえますか」

「南田さん、そんなこと考えてるの？　今の出版社で？」

「いえ、たぶんそうはならないと思います」

「そう。でもおもしろそうだからいいよ。そのときは声かけてください」

二〇〇七年春のことだった。もうすっかり暑い日が続く。夏の足音が近づいている。

片山書店にいる間、ほとんど風紋に行っていなかった。粕谷さんのおかげで片山書店に入ったことは報告していた。でも、僕はいい状況とはいえなかった。風紋に行く気力もない。

ある夏の月曜だった。パッと目が覚めた。あ、会社辞めよう。旅行に行くような感覚で決めてしまった。いや、たぶんずっと考えていたんだろう。心の深い湖の下に潜んでいる意識。それが、ぷかっと浮いてきたというより、一気に上昇してきた感じだった。酸素が切れたスキューバーダイバーみたいに。

その日のうちに社長と上司に伝えてしまった、退社の決意を。上司は話を聞いてくれたが、僕の決意は固かった。現場から逃げたい、という気持ちもあった。このままいようと思えば、ここにいられる。だけど四十歳、五十歳、六十歳になって、ここにいられるのだろうか。出版業界も決して明るい未来があるわけではない。その頃になって放っぽり出されても困ってしまう。それなら自分でチャレンジして滅びた方がいい。そう考えていたが、別の言葉で言えば、やっぱり逃げとも言えるだろう。それに、太宰治生誕百年が二〇〇九年に控えている。この年は最大の盛り上がりだろう。ぜひ書籍を出したい。

片山さんが以前、新聞か何かの取材で、次のようなことを言っていた。
「自分で作りたい本があれば独立して自分で出せばいい。それがないなら編集者でい続ける方がいい」
一字一句引用しているわけではないが、僕はそのように捉えていた。この言葉も背を押していたのは間違いない。
八月になり退社した。と同時に、個人活動としてパブリック・ブレインを創立した。特に仕事があるわけではない。今は種を蒔いているに過ぎない。太宰の本を出せるお金もない。幸い二〇〇九年十二月まで二年以上猶予がある。その間にお金を貯め、書籍を作ろうと決めた。太宰の「正義と微笑」の主人公は言っている。

僕はもう、きょうからは、甘い憧憬家ではないのだ。へんな言いかただけど、僕はプロフェッショナルに生きたい！

主人公の進は、演劇の鴎座の研究所に合格するも悩んでいる。老大家・斎藤氏の宅を訪ねると、秘書兼女中から紙片を差し出される。そこには「春秋座」とだけ書かれている。進は、こんな大きな劇団に紹介もなく入れないと思い、紹介状をと言いかけた。すると、奥から一喝された。

「ひとりでやれ！」

僕にも浴びせられた一喝だ。だが、情けないことに貯金はなかった。当面の生活費もままならない。僕は美容師をやっている友人に二十万円を借りた。このお金は大きかった。甘えだとしても、彼は何も言わず貸してくれた。

独立するに当たり、まず校正を学び直そうと思った。編プロ時代、校正は割と得意の方だった。校閲に関しても、小説を書いていたこともあり、文章整理などはできる方だった。だが、片山書店の仕事の中で、一つの苦い出来事があった。

その日、僕はプライベートの用事があり、焦っていた。時計を見つつ、原稿の校正をしていた。残り一ページとなり、読了すると上司にゲラを渡した。

「お疲れ様。今日はいいよ」

言われてホッとし、鞄に荷物を収めていたら「南田君」と呼ばれた。上司は今渡したゲラの最後の一ページを開いている。

「これ、脱字あるよ。『しなければならない』になっている」

ゲラを受け取り、最後から二行前をゆっくり目で追う。確かに「ば」が抜けている。

「急いでいるのかもしれないけど、これくらいちゃんと見つけてくれないと」

初校段階だったから致命的なことにはならない。けれど、そういう問題じゃない。単純に悔しかった。校正・校閲が完璧であることは、ほぼ不可能ともいえる。だからといって、最初から手を抜くことはないし、完璧を目指して行う。

この出来事が忘れられなかった。最初から校正・校閲を学び直そう。僕はとある校正事務所に所属し、しばらくしてからビジネス誌の校正現場に放り込まれた。

週刊誌だったので、一週間単位で動いていくのだが、当然校了・下版日はタイトになる。原稿を書くチームのデスクや記者によっては、朝まで待機しないといけないこともあった。数時間、一つのゲラが出るのを、手持ちの文庫などを読んで、あるいは目を閉じて、ひたすら待つ。正に修行みたいな時間だった。

片山書店を辞め、ひとまず食べていく道は見つけた。修業時代が始まる。だが、義理を踏みにじってしまっていた。片山書店への入社は、粕谷さんのおかげである。僕は粕谷さんに合わせる顔がなかった。お詫びにも行けなかった。粕谷さんだけではない。風紋にもとても行けない。どの面下げて行くというのか。どうすべきか。悩んだ挙句、聖子さんに手紙を書いた。

〈不義理なことに粕谷さんに紹介していただいた片山書店を、粕谷さんに相談せず辞めてしまいました。自分自身、本当にやりたいことは何なのか。今さらながら考えました。風紋には当分顔を出すことはできません。何か自分で形になるものを生み出せたら、そのとき風紋に伺います。粕谷さんにもお詫びします〉

身勝手な手紙を送った。風紋に通い始めてから、風紋に行かなかった時期がある。それが二〇〇八年の一年間だった。

太宰の書籍制作も始まっていた。まずオカダミカさんに会った。

「ほんとに辞めちゃったんだ」

ミカさんは驚いていたが、『カチカチ山』を出すことには賛成してくれた。二人で「カチカチ山」のテキストを読み解き、どこを絵にするか、どういう絵にするか。それを少しずつ決めていく。

絵ができたとしても、今度は絵をどう配置するか。テキストを普通に流し込むのか。レイアウトを決めないといけない。実際の作業はミカさんがやることになっていた。デザインソフトを使って、一ページずつ作っていく。時間のかかる作業だった。気づけば二〇〇七年が過ぎ、二〇〇八年も半分が過ぎている。

この間、僕は印刷所と話をつけ、見積もりを取っていたのでどれくらいの費用がかかるのかはわかっていた。そのためには無駄遣いできない。週に千円しか使えないときもあった。どうやって生活していこうか、と頭を痛めた。

だが、こういう苦労は、自分の甘さからきていることを痛感していた。漫然と生きてしまっていた。小説家になると言ってフリーターになり、就職するまで実家で過ごしていた（編プロ時代から一人暮らしをするようになっていた）。ちゃんと貯金もしてこなかった。行き当たりばったりと言える。しっぺ返しを食らっているに過ぎない。誰だって同じような苦労はするのだ。僕が特別なわけではない。そういう意識だけは持っていた。だから卑屈にはならなかった。誰も悪くない。悪いのは自分なのだ。

二〇〇九年の太宰治生誕百年は予想通りの盛り上がりを見せた。すでに前年後半くらいから、翌年に行われる太宰イベントなどは告知され、各社が出版物を企画していた。

『カチカチ山』ができたのは、二〇〇九年が明けてまもなく。家で書籍到着を待ち、段ボール箱を開けた。通常、書籍はパレット便といって、クラフト紙に包まれた書籍の束（十部とか十五部とかのかたまり）が何十個と届くが、僕は段ボールに入れてもらっていた。

個人事業で発行したものなので、どう売っていこうかを考えていた。当時から個人事業主でも取次（トーハンや日販など）を取り次いでくれる会社はあった（僕は〝取次の取次〟と呼んでいる）。小さい出版社は直に取次と取引できない。だから〝取次の取次〟を利用して、書籍を書店に卸すのだ。

僕は自費出版サービスを念頭に入れていたので、そういう書籍も扱える〝取次の取次〟を探していた。そこは個人では契約できず、法人のみが対象だったので、『カチカチ山』は取次を通さなかった。アマゾンは当時すでに一強態勢に入っており、僕は「e託販売サービス」にすでに登録していたので、こちらを使った。

様々な施設や書店に営業しに回った。狙いどころは太宰の地元青森だった。旅行に行ったとき、斜陽館の前にある「マディニー」では太宰関連書籍が売られているのを知っていた。だから、マディニーに連絡を取り、直販を依頼した。マディニーは二〇二〇年に休館となるが、この間、長らくお世話になった。『カチカチ山』以降の刊行物も置いてくれ、ここでの売れ高は大きかったし、何より嬉しかった。

美術館のミュージアムショップ、太宰のゆかりのある甲府市の「天下茶屋」などでも直販で扱ってもらった。ある年は太宰の桜桃忌の日、禅林寺のお堂の前でもいくつかの本を売らせてもらえた。

決して営業が得意ではないが、邪険に扱われることはなかった。書店員さんは懇切丁寧な対応をしてくれる方が多く、勇気をいただいた。

『カチカチ山』以外にも、企画は立てていた。第一部でも触れたけれど、太宰に「新釈諸国噺」という井原西鶴をオマージュしたシリーズがある。西鶴のオリジナルを太宰が新しく解釈しアレンジしている。僕は、これを一冊にまとめて、読み比べができないものかと考えた。他に、太宰は落語の影響を受けていた、と言われていたので、落語の切り口で太宰を考察しようと考えた。

これは二〇〇九年ではなく、その後の仕事になっていくのだが、太宰の女性独白体だけの小説を収録した書籍を作ろうとした。でも、それだけではおもしろくない。挿絵を入れよう。しかも女性を書くのが適している作家。

宇野亜喜良さん、林静一さん、会田誠さん、オカダミカさんに依頼した。幸いなことに皆さん承諾してくれた。静一さんは風紋の青森旅行で初めてお会いし、その後も風紋でお会いすることがあった。仕事の依頼をするのは、編プロ時代のリトルマガジン以来だった。静一さんが快諾してくださったのが大きかった。宇野さんも会田さんも静一さんが参加するならいいよ、と言ってくれたからだ。ここでも風紋の縁が活きた。

絵を描いていただき、皆さんにインタビューもした。なぜこういう絵なのか、太宰の作品をどう解釈したのか。とてもおもしろい話が聞けた。このとき、宇野さんは「きりぎりす」、静一さんは「葉桜と魔笛」、会田さんは「女生徒」、ミカさんは「ヴィヨンの妻」を選んだ。造本も工夫した。絵は本文用紙より分厚くし、フルカラーとしてミシン目を入れた。切り取って飾ることもできるように。当然お金はかかるけれど、こだわりたかった。

書籍ができたあとは、神保町の東京堂書店でトークショー&サイン会を開いていただいた。宇野さんとミカさんの対談、静一さんと会田さんの対談。二回に分けた。後者の方は対談後、飲み会を開いた。静一さんの案内で「風紋」に行き、「猫目」へと流れた。深夜まで飲み会は続いた。その後も太宰本制作は続き、二〇二二年現在、トータルで関連書籍十冊を刊行している。

18　もうこのまま会わないでおこう　松本哉さんの死

編プロ時代に、時間を戻す。

粕谷さんとはよくお会いしていた一方で、松本さんと会う機会は減っていた。松本さんはしばらく体調を崩していたのだ。それでも風紋にたまに来ているとは聞いていた。なかなか会うことは叶わなかったが、何かイベントごとがあれば会えることがある。僕が近況を話すと、松本さんは喜んでくれた。

もともと松本さんは百七十五センチくらいあるのに、体重は五十キロほどだという。僕はいつも柳のような人だな、と思っていた。荷風が好きだし、どこか隅田川が似合う。

松本さんに一度、仕事のことで相談したことがあった。僕は当時、リトルマガジンのこともあって、都市や街、というものに関心を持っていた。そのような話をすると、松本さんが本を何冊か貸してくれた。

「何か書くことも手伝えると思うから、いつでも言ってくれ」

「ありがとうございます」

だが、叶うことはなかった。あるとき、松本さんから携帯電話に着信があった。

「どうしましたか」

「今、病院なんだ」

「また入院ですか」

一時期、松本さんは退院し、仕事に復帰していると聞いていた。

「そうなんだ」

病名を聞こうかと逡巡していると、

「まあ、察してくれ。いけない病気だ」

松本さんが力のない声で呟いた。癌なんだろうとわかった。

「どちらの病院ですか。お見舞いに行きます」

受話器の向こうが静かになる。しばらく互いに黙っていると、力強い声が鼓膜を打った。

「いや、このまま会わないでおこう。君とは……」

声が途切れた。

君とは、これでお別れだ。きっとそう続けるつもりだったのだろう。僕は松本さんの判断を尊重し、会いにいくとは言わなかった。

「いい仕事をしろよ。元気でがんばれ」

「松本さんもお大事にしてください」

それだけ絞り出すので精一杯だった。言葉が出てこない。それが松本さんとの、本当のお別れだった。

数ヶ月後、僕は打ち合わせを終え、事務所に帰るところだった。長い打ち合わせで、クタクタになっていたところ、携帯が震える。液晶画面を見ると、風紋の卓さんからだった。

「朝刊見たかい？　松本さんが亡くなったよ」

急いで事務所に帰り、新聞の訃報欄を見た。松本さんの名前が載っている。こんなに早く亡くなるとは思ってもみなかった。通夜はこの日の夜だという。

僕は仕事を早めに片付け、斎場へと赴いた。だが、早めといっても、七時過ぎとなってしまった。もう通夜も終わりかけていた。弔問客はほとんどいない。斎場に入ると、一人の喪服姿の女性が立っていた。声をかけると、松本さんのお姉さんだった。僕は生前お世話になったことを告げ、中に入れてもらった。

モノクロームの松本さんが、いつもの不器用なはにかみを浮かべている。しばらく見上げたあと、手を重ねて祈った。

「ありがとうございました。楽しい時間でした」

お礼を言って目を開けた。

「顔を見てあげてください」

お姉さんは言ってくれたが、僕は言葉を濁して辞退した。松本さんは、最後の電話で言っていた。これで君とは、と。たぶん自身の弱った姿を見てほしくなかったのだろう。その想いを尊重した。

電車に乗り、新宿三丁目駅で降りた。きっとあのときの皆が風紋にいると思った。急ぎ足で風紋の階段を下り、黒い扉を開ける。案の定、皆がボックス席にいる。

「おお、来たか」

青森旅行に参加した人たちが僕を迎えてくれた。粕谷さんもいる。静一さんも前田さんも聖子さんもいる。皆が一様に、黒い服に包まれている。

「死んじまったなあ。あんなに早くに」

松本さんと同級生だった前田さんがグラスを掲げた。

「南田君も揃ったし、じゃあもう一度」

皆がグラスを遠慮がちに手にする。

「献杯」

いつもなら、風紋では乾杯と献杯の音頭は松本さんの役割だった。その担当者がいない。

「松本君、まだまだ書きたかったろうに」

聖子さんが〝松本君〟と言った。生前、松本さんは聖子さんのことを〝オカミ〟と呼んでいた。それはどこか、母親を呼ぶ子供のような言い方だった。そして、聖子さんは年下のお客さんだった松本さんを、〝松本君〟と呼んだ。

聖子さんは晩年の松本さんを見舞ったという。松本さんも〝オカミ〟には素直に甘えることができたのかもしれない。

松本哉さん、享年六十三。

19　風紋再訪、粕谷さんとの再会

二〇〇九年以降、無事に太宰の本を出すことができた。これで風紋に行ける。お詫び行脚の始まりだ。久しぶりに夜の新宿を訪れる。初めて風紋に行ったときと同じような胸の高揚。けれど、あの日とは異なる。半分以上は不安の種が植えられている。自分で蒔いた種だ。芽を摘み取るのも自分でなければいけない。

扉を開けると、聖子さんと卓さんがきょとんとしている。

「久しぶりね。お元気だったの」

「本当に申し訳ございませんでした。大変な不義理をしました」

僕は深々頭を下げた。聖子さんはにこやかに笑った。

「そんな、いいのよ。誰にだって顔を合わせられない時期があるんだから」

「元気そうでよかった」

卓さんがおしぼりを渡してくれた。僕は近況を話しつつ新刊の『カチカチ山』を差し出した、謹呈箋を挟んで。

「そう。出版社を始めたのね。おめでとうございます」

聖子さんは丁寧な口調で祝福してくれた。本棚に僕の作った本が収まる。風紋の歴史を刻む本棚。いつかここに自分の著書を、と夢見たものだった。

「粕谷さんとはお会いできたの」

「いえ、それがまだ……」

粕谷さんに『カチカチ山』を送っていた。お詫びのお手紙を添えて。でもお会いしてはいなかった。

「そのうちお会いできるわよ。風紋に来ていれば」

ああ、あんな不義理を働いたのに、再び受け入れてくれるのか。僕の風紋通いが再開した。

振り返ってみるとわかることがある。聖子さんはご自身の人生において、様々な苦難を乗り越えた。戦争の時代を生き、両親を二十歳前後で失い、恋人の死、お客さんの死。いろいろな人間ドラマを見てきたろう。僕の不義理なんぞは、ちっぽけな出来事だったたろうと思う。けれど聖子さんは、人の人生を誰かと比べるようなことをしなかった。人は人。その人にはその人の人生があり、喜びがあり、悲しみがある。そのことをよくわかっていた。ある意味、それは客観視とも言えるだろうし、きっちりとした線引きにも見えた。ここから先は立ち入らないよ。代わりに立ち入らないでね。

だから風紋はあれだけ長く続いたし、多くの人がやってきた。誰に対しても一定の尊重をもって接する。大作家だろうと市井の文学青年だろうと、温度差はない。奇しくも粕谷さんが『風紋30年アルバム』の座談会で述べている。

（前略）聖子さんの客のあしらいかたを見ていると、本当にいつも程よい距離にいて、媚びを売ることは全く無いけれども、いわゆる世の成功者とか顕官とか有名人を実は全く認めていない。世の中の秩序を全く度外視している。（中略）今でも職業を超えて、あらゆるジャンルの人がくるし、たまには金払いのいい会社関係の人もくるけれども、だからといって特別に扱うことは全くない。

今になって聖子さんの偉大さを実感するのだ。

少し話が前後するが、太宰治没後六十年（二〇〇八年）と生誕百年（二〇〇九年）をきっかけに、聖子さんは様々な講演に招かれることが増えた。三鷹ネットワーク大学で行われていた「太宰を読む百夜百冊」シリーズ。僕は一人で登壇したこともあったが、聖子さんのサポートという形で一緒に登壇したこともある。聖子さんへの要望として特に多かったのが、太宰が山崎富栄とともに玉川上水に入水し、遺体が引き揚げられる間の数日の思い出話だ。

聖子さんは、当時の太宰の担当編集者だった野平健一や野原一夫などと一緒に太宰を捜索していた。野平さんが玉川上水に入水した可能性がある、と言ったため、土手を見て回ったら、土に何か引きずられたような跡があった。

「ガラスの小皿と小さな薬瓶が二つ転がっていました。なぜか裁縫用の和鋏も。土手から水面辺りまで、土をえぐったようなレールの跡みたいなのがありました。幅が広かったから男物の下駄だったと思います」

小皿というのは、富栄がピーナッツを入れて出していた皿と同じもののようだ。警察にも聞かれたという。

聖子さんは順序立てて、ゆっくりと淡々と話す。聴衆もしんとして聞き入る。臨場感があるのは、聖子さん自身が体験した話だからだろう。聖子さんはほとんど原稿などを用意したことがない。

二〇一〇年十二月、僕は風紋忘年会に参加していた。このとき、ある計画が頭にあった。『風紋五十年』の企画だ。風紋は二〇一一年、開店五十年を迎える。これほど大きな節目はない。その記念書籍を作りたいと密かに考えていた。

だが、僕は風紋において、三十代になっていたとはいえ、まだまだ若輩だった。苅谷崇之君が僕より年下の常連客となっていたが、それでも大先輩たちがおり、差し置いて書籍を作るなんて言えなかった。だから忘年会では探りを入れたいと思っていた。清原さんには、それとなく相談してはいた。清原さんは僕が作った書籍を、必ず買ってくれた。しかも数冊ずつ。

「もう南田君しかいないと思うよ。現役の人は減ってきたから」

風紋の前二冊は元筑摩書房の晒名昇さんが編集していた。もう現役では仕事をされていない。僕は思い切って聖子さんにも探りを入れた。

「来年で五十年ですね」

「あっという間」

「何か催し物あるんですか」

「晒名さんがパーティーやろうと、その発起人になってくれるの」

「本は作らないんですか」

「そうね……作る人がもういないから」

壁は高い。ごり押しはできなかった。臆病だと思う人もいるだろう。実際、僕はもう一歩が踏み込めなかった。この心境を説明するのは難しい。風紋は会社じゃない。社会的な立場なども関係なくフラットでいられる。だからこそフリーターだった僕が、粕谷さんや松本さん、松崎さん、大野さん、寺田さんなどと交流できたのだ。

でも、あまり出過ぎたマネはしたくないと思っていた。皆が背中を押してくれていないなか、自分の論理だけで事を進めたくなかった。聖子さんも望んでいないと思う。然るべき手順があるはずだ。このとき『風紋五十年』の件は長期戦を覚悟した。

この忘年会、もう一つ目的があった。粕谷さんへのお詫びだった。忘年会であれば、粕谷さんは来るだろう。行き違いを避けるため早い時間に来ていたが、九時前くらいに粕谷さんはやってきた。奥のボックス席に入っていくので、僕もすかさずそちらに移動した。

「粕谷さん」

帽子を脱いだ粕谷さんは、眼鏡の奥の瞳を丸くしていた。

「本当に申し訳ございませんでした」

粕谷さんは僕の顔をまじまじと見た。少しも表情が緩まない。硬いと言っていい。

「元気だったのか。ちゃんと食えてるのか」

「はい。おかげさまで食べてはいます。細々と出版をやっています」

粕谷さんは大きく頷き、ハイボールを注文した。

「いいか、これだけは忘れてはいけないぞ。片山書店に入ると言ったのは君だからな」

「はい。本当に不義理なことをして申し訳ございませんでした」

届いたドリンクを受け取り、粕谷さんはグラスに口をつけた。

それを機に粕谷さんは周囲の人たちとの再会を喜び、世間話に花を咲かせた。僕もその場に残り、話を聞いている。いつもの粕谷さんに戻っていた。僕も調子に乗って、粕谷さんたちの話題に笑っている。

「まだ結婚していないのか」

「はい」

「太宰のことを学ぶのはいいけど、女のことを見習っちゃダメだぞ」

粕谷さんはおでこに眼鏡をのせて笑っている。僕も笑い返した。

これを機に、粕谷さんとの交流も再開した。

20　自分のメディアを持つ

二〇一一年三月十一日、東日本大震災が起きた。その日、僕はビジネス誌の出版社にいて、六時間かけて歩いて帰宅した。本当に言葉にしにくい出来事で、多くの方と同様、価値観が変わりつつあった。法人化してもビジネス誌の校正は続けていたわけだが、また飽き（秋）の風が吹く。震災後、自分の会社の仕事も減るかもわからないのに校正の仕事を辞めた。そして、秋に向け、新たな企画を立ち上げる。読書系・アート系フリーペーパー『DayArt（デイアート）』の創刊だ。

自分で会社を始め、少し軌道に乗ってきたが、自費出版や校正の仕事は基本受け身だ。そろそろ自発的な活動をしたい、好きなことを書いてみたい、という欲求が出てきた。

企画の前提として頭の中には太宰治があった。そこから派生し日本近代文学。これをやりたい。でも、絞りすぎてしまうと、置いてもらうところが限られる。そこで「アート」「読書」を標榜したのだ。基本的に『DayArt』で収益をあげるつもりはなかった。ということは広告がない。どうしても広告がつくと、自由に書けないジレンマがある。大きな媒体ではないけれど、やっぱり好き勝手やりたい。

風紋青森旅行のことが思い出された。竜飛岬へのバス道中の車内、粕谷さんは言ってくれた。

「これからは自分でメディアを持つ時代だ」

これを実践しよう。ただ、僕も見切り発車したわけではない。前にいた編プロでもリトルマガジンの他にフリーペーパーも編集していたのだ。しかも美術を取り上げた内容。だから何となくノウハウはあった。編プロもそうだし片山書店もそう。学ぶことがとても多くて、本当に役立っている。

二〇一一年夏、『DayArt』のパイロット版として四ページのタブロイド判を発行し、いよいよ一号の準備に入った。

不義理の謝罪を果たしたのち、僕は粕谷さんに電話した。粕谷さんの声は少し嗄れていた。

「今度、自分のところでフリーペーパーを出すことにしました。粕谷さんにお話しを伺ってもよろしいですか」

「ああ、いいよ。うちに来なさい」

約束を交わし、後日お宅に伺った。編プロと片山書店を辞めてから、久しく粕谷さんのお宅に訪問していなかった。雑司ヶ谷の森が黙している。憩いの時間が流れている。粕谷さんは少し面やつれしていた。人伝てに体調がよくないとは聞いていたが、胸が軋んだ。『DayArt』のパイロット版を渡すと、粕谷さんが呟いた。

「君はこういうことがしたかったのか」

僕は青森旅行のときの粕谷さんの言葉を口にした。粕谷さんは遠い目をし、応接間の窓の方を眺めている。

「どうやって見てもらうようにするんだ」

「美術館や文学館に設置してもらい、古書店とかには直接持参して置いてもらうようお願いします」

「うん、足を運ぶといい」

粕谷さんの頬が綻んだ。粕谷さんには編集者として「先達の声」ということで話してもらった。今、何に注目しているか、どういった本を読んでいるか。粕谷さんは萩原朔太郎をやりたい、と言っていた。

「お、そのバッグいいな」

照れながらも、僕が持ってきたカメラの写真撮影を引き受けてくれたあと、粕谷さんが目敏くこぼす。オレンジ色に近い、茶色い革のレターケースのようなものを持参していた。粕谷さんはこういった色が好きだった。

一号の特集は「ベレー帽」。ベレー帽の歴史を紐解き、ベレー帽が登場する小説やよくかぶっていた画家などを紹介した。また、帽子デザイナーの平田暁夫さんにも取材した。

この号では、もう一人、恩人ともいうべき方を紹介していた。作家で、かっぱ村村長の大野芳さんだ。この頃、大野さんは東京・府中に仕事部屋を設けていた。僕の故郷だ。大野さんは古希を迎え、そのお祝いイベントが催され取材させてもらった。

「片山書店を辞めて、惜しいと思ってたんだ。でも、君が確かな道を歩んでいるなら、それでいいんだろう」

大野さんも粕谷さん同様、僕のことを陰ながら案じてくれていたのだ。

大野さんのことでいえば、その後、お会いする機会はとんとなくなっていた。最後にお話をしたとき、僕は驚くべき提案を受けた。

「三代目のかっぱ村の村長をやってくれないか」

大野さんが亡くなられたのは、二〇二二年五月。その数年前だから、大野さんもそろそろ引き継ぎを考えていたのかもしれない。その提案は、すでに周囲に話していたのか、それとも独断だったのか、今ではわからない。

僕は、申し訳ない気持ちだったが、お断りをした。とても現役のままで、かっぱ村の村長を引き受けることはできない。きっと中途半端になることがわかっていた。

大野さんは、このとき、とても印象的な言葉を残した。

「かっぱはインテリジェンスなんだ。だから誰が村長をやってもいいというわけではない」

初代は中河与一、二代目は大野さん、そして、三代目を僕へ、と考えてくれた。その気持ちはとてもありがたかった。大野さんが亡くなられたとき、「かっぱはインテリジェンス」という言葉が蘇った。こんなに大野さんらしい言葉はない。

紆余曲折の末無事に同年秋、『DayArt』一号が発行された。タブロイド判、八ページ、フルカラー、季刊誌としてスタートし、のちに不定期となり現在に至る。サイズはA4判に落ち着いた。細々とだが、毎号、必ず太宰治のことを取り上げるという趣旨はそのままに、もうそろそろ節目の三十号を迎える。

21　風紋開店五十年記念パーティーにて

二〇一一年は風紋五十年の年だ。風紋は一九六一年十二月に開店したので、五十年記念パーティーも十二月に行われた。場所は、日比谷の松本楼。僕はこのとき、発起人の一人に名を連ねた。いろいろな段取りは晒名さんや清原さんが行っている。

各紙が風紋のことを取り上げた。かつて『風紋25年』刊行のとき、聖子さんは太宰治の「メリイクリスマス」のモデルとなった人だと大々的に朝日新聞が紹介した。いつの時代も不思議なもので、各紙には太宰ファンの記者がいることが多い。この頃には朝日、読売、東京新聞に太宰ファンの記者がいた。この方たちには、僕も大変お世話になった。何度か新聞に紹介してもらったから。

風紋が開店五十年と新聞で取り上げられたことで、聖子さんの古い仲間や友人たちが改めて風紋に訪れることにもなった。パーティーも盛況だった。聖子さんの父・倭衛の故郷・長野から八十二銀行の元行員の人たちもはるばるやってきていた。

僕はこの会で、カメラの撮影をしていた。忙しなく動きつつ、松本楼のカレーを食べたりしていた。そして、もう一つの目的があった。やっぱり『風紋五十年』書籍を作りたい。四人の〝長老〟たちのお墨付きをいただくことにした。

まずは、作家・高田宏さん。『木に会う』で読売文学賞を受賞している。高田さんは本当の初期からの風紋の常連客で、『風紋30年アルバム』にも頻繁に登場する。高田さんには風紋のイベントや忘年会などで、何度かお会いしていた。だが、まともに会話をしたことはなかった。自己紹介をしたあと、こそこそと述べた。

「風紋五十年の記念書籍を作りたいと思っています。その際は、ご執筆いただけますでしょうか」

「おお、それはありがたい。こちらからもお願いします」

高田さんは快諾してくれた。

次は晒名さん。何回か触れているが、風紋書籍前二冊の編集を担当されている。パーティーの発起人代表でもある。

「晒名さん、僕が風紋五十年の本を作っても、よろしいでしょうか」

晒名さんは耳元に手を当てているので、ひときわ大きな声で尋ねた。言葉を聞き終わった晒名さんは、

「南田さんならいいですよ。ぜひお願いします」

と笑顔で頷いてくれた。

続いて戸谷邦弘さん。風紋句会で一緒になった戸谷さんは、妙に俳句の趣味が合った。戸谷さんが〝天〟を入れたのが同じ句だったり、互いに票を入れ合うこともあった。

「風紋五十年の記念本を作りたいと思います。僕がやってもよろしいですか」

戸谷さんは満面の笑みを浮かべた。

「こちらからもお願いします。もう作れる人がいませんから。資料などの協力は惜しみません。それに完成したら、いろいろな方に声をかけますよ」

ありがたい言葉だった。

最後は、もちろん粕谷さんだ。

「おお、食べてるか」

粕谷さんは前にお会いした時よりは元気そうだった。ただ、お酒は控えている。

「粕谷さん、実は風紋五十年の本を作りたいと思っています。今、高田さんや晒名さん、戸谷さんにもお話しをし了解を得ました。最後に粕谷さんの了解も得たいと思ってお声を掛けました」

粕谷さんは一度僕の顔を見た。僕は息を止め、返事を待った。

「ぜひやりなさい。原稿を書く必要があるなら書くから」

「ありがとうございます」

「いい本作れよ」

粕谷さんは僕が持っている烏龍茶のグラスに、ご自身のグラスをコツンと当てた。長老全員の許可を得た。いよいよ〝本丸〟を口説かないとならない。

本日の主役である聖子さんは、椅子に座って、いろいろな人たちの挨拶を受け、対応していた。一段落したのか、お皿を手にして食事をしていた。

「聖子さん」

「ああ、南田さん。ありがとね、撮影してくれてるんでしょ」

「いい写真撮れました、たぶん」

少し間をとって、烏龍茶で喉を潤した。

「さっき高田さん、晒名さん、戸谷さん、粕谷さんと話したんです」

「あら」

「風紋五十年の書籍を作りたいって言ったんです。僕は風紋の中でも一番の若造ですし、勝手な思いではやりたくありませんでした。だから、まずは長老たちの了承を得ようと思いまして。皆さん、作っていいよって、言ってくれました。聖子さん、やってもいいですか」

聖子さんは正面をじっと見つめたあと、「ええ」と小さく頷いた。直後、力のこもった声を出した。

「南田さん、ぜひあなたにお願いします」

僕は深々と礼をした。

「ありがとうございます。一年ずれますけど、来年完成させます」

二〇一一年暮れ、遅ればせながら『風紋五十年』の制作が始まる。

22　母・富子はやっぱり太宰さんが……

『風紋五十年』を作るに当たり、聖子さんのインタビューを中心に構成したいと考えていた。本当なら聖子さんに書いてもらいたい。でも、年齢が年齢なので無理は言えない。

「南田さんが聞き書きしてくださらない？」

聖子さんの依頼もあって、そのスタイルで行こうと思った。けれど「林聖子 著」という言い方に聖子さんは難色を示した。

「厳密には私が書くわけじゃないでしょ。だから〝著〟という言い方に抵抗があるの」

「わかりました。じゃあ表紙にはお名前だけ入れるようにします」

最初にそうすることに決めておいた。

インタビューの他に、寄稿文を依頼することになった。風紋にゆかりのある方というのが前提だし、やはり常連客である必要がある。主な執筆者は、以下の通り。

青木清志、上杉満代、粕谷一希、小島千加子、高橋栄一、中村稔、羽佐間道夫、水木楊、森まゆみ（他、五十音順、敬称略）

五十年記念パーティーの際、祝辞を述べた方の原稿も載せている。安藤宏先生、高田宏さん、坪内祐三さん、他。

聖子さんへのインタビューは二〇一一年十二月から翌年三月まで、計二十時間ほどお付き合いいただいた。風紋が営業しているタイミングでお聞きしたので、多くのお客さんがいるときは中断した。お一人くらいのときは、申し訳ないが、聖子さんの独占をお許しいただいた。

「貴重な場に居合わせてもらって、かえってよかったよ」

そう言ってくれる人ばかりで、大変ありがたかった。

森まゆみさんの『聖子』で、聖子さんの人となりなどは詳しく書かれている。もちろん、刊行されたのは『風紋五十年』の方が先だが、森さんは随分前から聖子さんを取材されながら、刊行は二〇二一年になったという経緯がある。だから、僕も森さんが聖子さんの本を出されるのだろうとは薄々承知してはいた。ならば、あまり重ならないようにしよう、という狙いがあった（それは、同時に本書のテーマにもなっている。森さんと同じ内容なら、僕が書く意味はないのだから）。

僕の関心事でいえば、一つは太宰治、もう一つは風紋というバー。

太宰治については、このときすでに、生前の太宰を知っている方が限りなく少なくなっていた。たとえ知っていたとしても、ご本人は幼年で、あくまで子供として太宰と接している。けれど、聖子さんの場合、太宰の亡くなったとき二十歳だ。少なくとも分別ある年頃で太宰と接している。こういう方は、ほぼ聖子さんしかいなかった。生き証人とも言える。過去の出版物や印刷物の内容と重複することがあったとしても、改めて一冊の中で振り返っておくことは重要と思えた。

風紋についていうと、もちろん開店五十年の本なのだから、テーマの主軸になるのは当たり前だ。でも、僕はなぜこんなに風紋は続いたのか、五十年以降どうしていくつもりなのか、ということに関心があった。もちろんお客さんのエピソードを含めて。

結論を急ぐ必要はないけれど、結果的に、風紋は二〇一八年六月に閉幕している。開店五十六、七年。六十年には及ばなかったわけだ。それは聖子さんの年齢によるところが大きいが、五十年を迎えた段階で、心境を聞いてみたいと思った。風紋の未来について、を。

最初の日、僕は緊張していたけれど、聖子さんも硬い。必ずしも書籍に掲載する順番に話を聞く必要はない。徐々に慣れてきたら聞きたいことを聞こう。世間話といった感じで、風紋を開店する前後の話を聞いた。


遅ればせながらここで、ざっと簡単に風紋誕生について振り返ってみよう。

聖子さんは父・倭衛、母・富子を一九四五年、一九四八年と相次いで失った。富子が亡くなったのは、六月に太宰が玉川上水に入水したその年の十二月。奇しくも、二人は同じ年に生まれ、同じ年に亡くなっているのだ。

太宰の斡旋で新潮社、それから筑摩書房に勤めたのち、聖子さんは舞台芸術学院に通い劇団の活動をしながら、夜のお勤めをするようになった。

風紋を開いたのは一九六一年、聖子さんが三十三歳のとき。ある意味、聖子さんらしいけれど、後から名前を変えられるというので、ひとまず「風紋」と手続きした。だから「風紋」は仮名だったのだ。

風紋には、倭衛と過ごした日々の光景への郷愁が込められている。千葉で暮らしたとき、砂浜で風紋を目にしていた。お父さんとお母さんが大好きだった聖子さんらしい命名だ。

風紋は一代目から三代目まであった。一代目と二代目の店の写真は残念だが残っておらず、松本哉さんの描いた緻密な絵がある。三代目が最後の店で、この時代が圧倒的に長い。

風紋が盛況であったのは、筑摩書房社長・古田晁の助けも大きかったろう。開店日、古田は社員に「風紋に行け」と命じたという。その後も、出版関係者、美術関係者などがこぞってやってくるバーとなり、人知れず「文壇バー」と呼ばれるようになった。

聖子さんは自身が太宰と交流があったことや、「メリイクリスマス」のモデルだったことは、当初おおっぴらにしていなかった。先にも触れたように、大々的に紹介されたのは開店二十五年の頃、朝日新聞の記事による。なぜなのか聞いたことがある。

「お客さんは必ずしも太宰さんが好きだとは限らないでしょ。だから自分から話すことはなかったの」

こういうところは、本当に聖子さんらしい。基本的に聖子さんは、自身のことを自発的に話すことはなかった。少なくとも、僕は一度もその場面を目の当たりにしていない。誰かに聞かれるから答える。そのときも感情の揺れがほとんどない。慌てることもまくし立てることもない。いつも淡々と、静か。

「ママが黙っているときは不機嫌なことが多かったんだよ。だから黙っている。そういうこともあった。それは家庭でも同じだった」

息子の卓さんは、聖子さんが亡くなったあと、振り返ってくれた。

おそらくもっと以前の風紋の頃は、聖子さんも若かったろうから、お酒も飲んだし、いろいろ賑やかな場面にも出くわして調子を合わせることがあったろう。だが、軸はブレなかったと思う。自分のことを進んで話すことはない。お客さんの話を聞く。そういうスタンスだった。

インタビューを何回か重ね、そろそろ写真撮影をしないといけない。撮影は、写真家・石本卓史さんに頼んだ。石本さんは僕と同い年。過去にコニカミノルタフォトプレミオ特別賞を受賞し、ポートレートの撮影はお手の物。特にモノクロの写真がよく、今回には打ってつけだった（のちに石本さんは風紋で写真展を開いた）。

聖子さんは七十代以降、特に膝を悪くしてからは、着物はほとんど着なかった。晩年は歩行器で歩くようになり、軽装が多かった。一張羅というわけではないけれど、聖子さんお気に入りの服装で撮影に臨んだ。

といっても特別なことはない。僕がインタビューしているときの聖子さんの表情を撮ってもらったり、少しポーズを取って撮影してもらったり。場所は風紋の中で、カウンターだったりボックス席だったり。でも、聖子さんはあまり写真が好きじゃない（好きな人の方が少ないだろう）。一度、僕と一緒に新聞に掲載されることになり、新聞社のカメラマンの方が、

「笑ってください」

と注文したことがあった。さすがの聖子さんも、

「そんな簡単に、笑えませんよ」

と口を尖らせていた。

この時の石本さんの肖像写真に、本では使わなかったが、とても可愛らしい一点がある。照れている聖子さんは本当に少女のよう。

撮影とインタビューを一通り終えると、不思議と堰を切ったようにお客さんがやってきた。中には美味しいものを差し入れしてくれた方がおり、聖子さんもお客に交じって、カウンターに座った。

「ああ、緊張したから格別美味しい」

いたずらっ子っぽく笑う聖子さんの隣に、石本さんはカメラを持って座っていた。リラックスした写真も撮ろうとしたのだろう。ところが、意外な写真が撮れた。それが、聖子さんが物思いに耽っている写真。後ろに余白があるのだが、聖子さんが背負ってきた過去の記憶を彷彿させる。背後は少しぼやけていて、聖子さんが手を口元にあて、前を向いている。とても象徴的な写真で、僕はこれを『風紋五十年』のチラシなどに使った。

この写真は、のちに額装して聖子さんにプレゼントされた。聖子さんが亡くなったとき、遺影代わりにも使われた。亡くなったあと、聖子さん宅へ弔問に伺ったとき、聖子さんの遺骨の後ろに、この写真が飾られていた。本当にいい一枚だ。

聖子さんは、この写真が褒められると、

「美味しいものを食べてお腹いっぱいだったの。それでぼーっとしていただけ」

と、やっぱり照れていた。

インタビューはいよいよ僕にとって、本命ともいえるテーマに差しかかる。

毎回インタビューの最後には、次はこういうテーマで話してもらいます、ということを告げていた。少しでも聖子さんに心の準備をしてもらうために。そして思い出しておいてもらうために。けれどそれは杞憂だ。聖子さんは記憶力がよく、聞かれることを淀みなく話してくれる。

特に太宰のことになると、何十年も前のはずなのに、さっき見てきたことのように話される。僕にとって太宰は〝太宰〟だ。聖子さんは実際に太宰に会い、お世話になっている。だから、一度たりとも敬

© 石本卓史

称をつけずに話されることはない。常に「太宰さんは」と話し始めた。

「太宰さんは、本当に明るい方でしたよ」

聖子さんがゆっくりと、張りのある声で話し始めた。

「そりゃまだ若い私なんかには太宰さんが悩んでいたことなど、わかりませんでしたけれど、基本的には明るい方」

聖子さんは太宰のエピソードを教えてくれた。

母・富子さんのところに、太宰が文芸評論家の亀井勝一郎と遊びにきたときのことだ。富子さんはアパートの二階に住んでいたのだが、玄関のドアからガリガリという音がする。何だろうと思ってドアを開けると、太宰が階段の陰から物干し竿を伸ばして、ドアをノックしていたという。そういう茶目っ気なところがあったのだ。

聖子さんは太宰に「詩を書きなさい」と言われたことがあったようだ。何か、聖子さんの文学的素養を感じ取っていたのか、太宰は聖子さんに新潮社の入社を斡旋している。野原さんと野平さんはもとより、当時の『新潮』編集部には、作家も恐れた斎藤十一がいた。

聖子さんは出版部に配属され、太宰の『斜陽』の単行本の装丁の担当を仰せつかる。このときのエピソードは『風紋五十年』にも載っているけれど、おもしろいから改めて。

聖子さんが言うには、表紙画は洋画家・山下新太郎に依頼していたという。謝礼は五千円、聖子さんの月給と同じ。山下は快諾し、後日、聖子さんは取りに行った。

絵を預かって渋谷から都電に乗って帰るとき、誤って電車の窓の隙間に落としてしまった。真っ青になって隙間に傘を差し込んでも、絵が取れない。五千円もする絵だ。半べそかいて車掌に事情を説明すると、翌日に来なさい、と言われる。横から板を外したら取れるかもしれないから、と。

会社に帰っても泣き通し、同僚に慰めてもらい、会社帰りに喫茶店でケーキをご馳走になった。でも、家に帰り富子さんと話していると、また涙がぶり返してくる。富子さんが朝早くに起こしてくれ、昨日の車掌のところに行くと、絵は無事戻ってきたという。

ところが絵はボツ。今度は洋画家・三岸節子に依頼し、絵が出来上がった。太宰は山崎富栄とその絵を観にきた。太宰の反応はイマイチ。結局、これも不採用。結果、社内にためてあったカットの絵から、花の絵を選んだ。太宰もオーケーを出し、それが採用されている、という。

若い頃の聖子さんは、どこかおっちょこちょいだったのだろう。おそらくそういうところも、太宰は放っておけなかったのかもしれない。

もう一つ、内田百閒の話もおもしろい。斎藤十一のお使いで、一升瓶を持って百閒宅に伺い、

「部長がよろしく言っておりました」

と伝えた。すると、百閒は、

「よろしくって、どういうことかね」

と返してきた。そんな返しをされると思わず、聖子さんは絶句し、

「失礼します」

と帰ってきたという。

百閒も百閒だが、聖子さんも聖子さんだ。二人の様子を想像すると、笑えてくる。


禅林寺に太宰が、続いて富子さんが納骨された翌年一九四九年十一月三日、とある出来事が起きた。このことは『風紋五十年』や『聖子』にも書かれていることだが、三度触れておく。

太宰の弟子だった小説家・田中英光（「オリンポスの果実」で有名だが、このタイトルは太宰が付けている）が、太宰の墓前でアドルムを服用したのだ。住職の計らいで、聖子さんの自宅へ運ばれることになったが、聖子さんは不在。すぐに武蔵野病院（現在ある病院とは異なる）に運ばれた。胃洗浄すれば助かる容態だったようだが、当日はインターンしかいなかったのか、舌を巻き込んでしまい窒息状態になってしまった。田中は結果的に〝自殺〟したことになっている。

僕は、太宰治の〝文学作品〟が好きだが、最も太宰の言葉で好きなのは葉書の一文だ。その葉書は田中に宛てられている。『師 太宰治』という著書が田中にある。その中に、この葉書が送られた経緯が書かれている。

田中は「遠い異郷の地」にいたのだが、同人誌『非望』に「空吹く風」という短篇を発表していた。

太宰がそれを読んだようで葉書が届いた。引用する。

　君の小説を読んで、泣いた男がある。曾て、なきことである。君の薄暗い竹藪の中には、ひとり、カグヤ姫が住んでいる。而し君、その無精髯を剃り給え。私はいま、配所に、ひとり月をみている。

これほど美しく、勇気を得る言葉があるだろうか。かなりロマンティックではあるけれど、これは田中のみに宛てられた文章だ。野暮ではあるが、あえて読解すると、こんな感じだろう。

君は今は苦しんでいるかもしれない。闇の中を彷徨っているのかもしれない。けれど、君には光る才能がある。だから書き続けよ。だが、不摂生だけはするな。私は、いま君の才能を見つめている。

このような手紙を受け取ってしまったら、太宰を生涯の師と思わないわけにはいかないだろう。あるいは、墓前で自殺を図るのも頷けてしまう。それほど田中にとって、太宰は大きい存在だった。

インタビューが終わって、もう制作に入っていた頃（二〇一二年三月）、田中英光の息子で、SF作家の田中光二氏がやはり、先祖のお墓の前で自殺を図ったというニュースがあった。幸い一命は取り留めた。もちろん風紋でも話題になった。聖子さんは遠い目つきをしていた。何も言葉にせず、首を一、二回振っただけだったので、僕は何も聞こうとしなかった。

『風紋五十年』でも触れているが、『聖子』の中で、聖子さんがやんわり否定している内容があった。それは、筑摩書房の編集者・石井立の件だ。石井は太宰担当編集者で、とても信用されていた。二〇二二年六月に太宰が描いたという肖像画が公開されたが、これは石井のご遺族が三鷹市に寄贈したものだ。

石井は割と早くに亡くなってしまうのだが、若い頃、聖子さんにプロポーズをしている。そのことを『風紋五十年』で触れている。これには裏話がある。本当はこの箇所は、もっとボリュームがあった。ところが聖子さんが初校ゲラを読んでいるうちに首を傾げた。

「あまりこのことは書かないほうがいいかもしれないわね」

石井のご遺族のことを慮って、という理由もあるが、聖子さん自身、気恥ずかしかったのだろう。自らの著書で、そのようなことを書き残しておくことに。

実際、先に堤重久の書籍の引用をしたが、石井が聖子さんに惚れていたというのは周知されていたようだ。『風紋25年』に寄稿した野平健一さんも「石井君と英ちゃん」の中で、こう書いている。

聖子ちゃんの青春はモテモテでした。その一人が筑摩の石井立さんでした。（中略）彼が太宰治に連れられて聖子ちゃんの家に朝御飯をご馳走になりに行って、味噌汁をこぼしちゃった。というのも、聖子ちゃんの顔に見とれてつい粗相を。

太宰と三島についても、『風紋五十年』『聖子』でも触れられている。太宰と三島は一度だけ会ったことがあり、「練馬の一夜」と呼ばれている。一九四七（昭和二十二）年一月二十六日のことだ。練馬というのは清水一男の家があった場所。現場に居合わせた人として、亀井勝一郎、野原一夫、中村稔、矢代静一、出英利などがいる。それぞれ著作に証言を書いている。読み比べるとおもしろい。

まず、野原さんの『回想 太宰治』の「練馬の一夜」から。森鷗外のことを話していたところ、三島は唐突に言ったという。

「ぼくは、太宰さんの文学はきらいなんです。」

まっすぐ太宰さんの顔を見て、にこりともせず言った。

一瞬、座が静かになった。

「きらいなら、来なけりゃいいじゃねえか。」

吐き捨てるように言って、太宰さんは顔をそむけた。

そのあとのことは記憶が薄れる。

当人の三島は『私の遍歴時代』で、太宰の反応は、こうだったと書いている。

「そんなこと言ったって、こうして来てるんだから、やっぱり好きなんだよな。なあ、やっぱり好きなんだ」

野原さんの記憶とだいぶ異なる。というより、真逆と言っていいほどのリアクションだ。

中村さんは『私の昭和史 戦後編(上)』で、こう書いている。

席上、三島氏が、太宰に向かって、私は貴方の文学を認めない、という趣旨の発言をし、座が白けたことは事実（後略）

矢代さんは『旗手たちの青春』で三島の記憶に関して、こう述べている。

正直言って私は、三島の「太宰さんの文学はきらいなんです」という一言を聞き洩らしている。従って、そのあとの太宰の釈明も耳にしていない。

（中略）それから数日して、三島は銀座の私の店に来て、「太宰なんかとつきあうとろくなことはないよ」と、探るような目つきで言い、万事いい加減だった私は、「そうかも知れないねえ」とうなずいた。

本当に不思議なことに、皆記憶が曖昧なのだ。おそらく、当時、三島は駆け出しの新進作家で、太宰は流行作家。皆、太宰の方に意識が行っている。ひょっとしたら、のちに三島があれほど有名な作家になるとは思わず、しっかりとした記憶にならなかったのかもしれない。絶頂期の太宰と絶頂期の三島が邂逅していれば、きっと皆は一言一句、一挙手一投足、二人のことを覚えていたことだろう。この記憶の曖昧さが、ますます二人の最初で最後の邂逅を伝説に仕立て上げたとも言える。

聖子さん自身、三島にも会っているわけだが、あまり褒めてはいなかった。粕谷さんにも三島のことを聞いたことがあるが、粕谷さんもあまり歯切れのいいことは言っていなかった。

やはり三島は、まだ伝説になるには時間がかかるのかもしれない。皆の記憶に残りすぎている。太宰は、生前を知る人がもうほぼいない。最後の証人は聖子さんだったといえる。これからはますます、いい意味でも悪い意味でも美化されていくのかもしれない。三島も、きっとそういう時期がやってくると思う。間違いなく、日本を代表する文学者の一人なのだから。

ちなみにだが、聖子さんが太宰の小説で好きなのは「メリイクリスマス」はもちろんのこと、真っ先に挙げたのは「魚服記」だった。

その後も何回かインタビューを続ける。長いときは三時間くらい。風紋のお客さんのことを話してもらうと、

「みんな死んじゃった」

と寂しそうに笑うことがあった。

聖子さんは特にご自身より若い年齢の方が亡くなることが辛いようだった。けれど、聖子さんは誰が亡くなろうと、誰かにいいことが起ころうと、あまり心に波風立てることなく受け止める。その様子が、僕には畏ろしくもあり、一種の感動すらあった。

いよいよ最後のインタビューの日だ。これからの風紋について聞く。聖子さんは、将来的には今手伝っている女性スタッフたちが接客し、卓さんは料理に専念する、という形が現実的だろうと考えていた。

また〝文壇バー〟という呼ばれ方に対して、複雑な心境だったようだ。

「昔は檀一雄さん、中上健次さん、いろいろな作家の先生方がいらして、確かに文壇バーだったかも

しれません。だけどね、今は現役の作家の方は特にいらっしゃらないし、やっぱり皆さん亡くなられてしまって。だから文壇バーじゃないのよ」

自嘲気味に語ることもあったが、文壇バーということへの自負もあったと思う。誰かれ構わず、いらっしゃい、という感じではないからだ。だが、自分の代でなくなったら、そのこだわりはなくてもいいと言っていた。

「卓なりのお店にしていけばいいと思うの」

それは聖子さんの本音でもあったろう。風紋は聖子さんのお店。お客さんの中には、確かにそう感じている人もいた。けれど、変化する時代はいつかやってくる。その足音は確実に大きくなっている。聖子さんもしっかりその音を聞いていた。

この日、お客さんはいなかった。その頃の風紋では珍しいことではなくなってきていた。どうしても聞いておきたいことがあった。聞くのは今しかない。

「聖子さん、今日でインタビューは終わりです。オフレコでいいんです。聞いておきたいことがあります」

「ええ、いいわよ。答えられることなら」

僕の顔が強張っていたからか、聖子さんは少し真顔になったあと、小さく笑った。

「富子さんは太宰さんのこと、恋愛感情を持っていたと思いますか」

つい僕も〝太宰さん〟と言ってしまう。

時が、急速に逆回転し、七十年前に戻ったような気がする。僕は当然生まれていない。聖子さんは二十歳前後。富子さんも太宰も生きている。戦争が終わり、混乱の中の三鷹。母娘二人、そして、流行作家。彼らの時間は、彼らしか知らない。聖子さんは、じっと宙を眺め、間違いなく通り過ぎて行った過去の時間を、手に取るように思い出しているようだった。

「ええ、母は太宰さんのことを好きだったと思う」

聖子さんと目が合った。瞳が黒々としている。僕はさっと視線を逸らした。胸に詰まるのは涙のかたまり。ぐっと飲み込み、聖子さんの言葉を噛み締めた。

「やはりそう思いますか」

「そうね……母はまだ別れた父のことが好きだったの。ただ母は父が許せなくて離婚して。私はそういう母の気持ちがわかっていたけれど、それでも母は太宰さんを好きだったと思う」

聖子さんは慎重に言葉を選びながら答えた。だが、口調は力強いものがあった。

一方、太宰の方はどうだったのか。聖子さんは、

「惹かれるものはあったと思う」

と答えた。

かつて太宰の師・井伏鱒二が『別冊文藝春秋』（一九一号、一九九〇年）の座談会で答えたことがある。

井伏　（前略）ある人のお母さんが非常にきれいな人でね。それに惚れてたな、太宰は。たしかに惚れていた。

ねじめ　それはどなたですか。

井伏　洋画家の細君という人で、きれいな人だった。一、二度見ただけで、ぼくはよく知らなかったけど……。
印南　それはやはり荻窪方面の人ですか。
井伏　ええ。きれいなんだ。要するに美女だと受けとってくれたらいい。

ちなみに、ねじめ正一さんと印南寛さんがお相手。聖子さんが亡くなったあと、遺品を整理したら、このときの記事のコピーが見つかった。生前、聖子さんからもこの話は聞いていたし、筑摩書房の『太宰治全集８』の月報でも次のように書いていたことがある。

「きりぎりす」「待つ」「水仙」「グッド・バイ」などの作品の中にも母を思い出させる箇所があり、ハッとすることがあります。もちろんそれは通常の意味でのモデル（物語の主人公）ではなく、そこに登場する女性の容姿、挙動、感性がそう感じさせるのです。母との会話、手紙の断片の中からそれを得られたのではないでしょうか。

聖子さんは憶測でべらべらと吹聴するような人ではない。心の中に、母・富子さんの太宰への思い、太宰の富子さんへの思いというものを、確かな手応えとともに、密かに胸に秘めていたのではないか。
太宰の妻・美知子の『回想の太宰治』の「書斎」の項に、次のような記述がある。

太宰は書簡を保存する習慣を持たない。にもかかわらず、このひき出しの一つには、数人の女性からの手紙が入っていた。歿後、整理したら、T子さんからの来信が一番多かった。太宰の「メリイクリスマス」は、T子さんとその娘S子さんのイメージから書いた小説だが、「メリイクリスマス」を書いた頃、T子さんは病床に在った。

聖子さんも当然、この記述を知っていた。

「いつか読める日が来れば嬉しいけれど」

そう漏らしたことがあったが、叶わなかった。今後、資料が公開される日が来るかもしれない、と僕は期待している。

今となっては二人の想いを確かめようがない。でも、それでいい。はっきりさせる必要はない。当人たちには、きっと互いの心がわかっていたと思うから。

23　『風紋五十年』出版記念パーティー

二〇一一年暮れから始まった『風紋五十年』の制作は、翌年五月に校了し、下版することができた。寄稿文は順調に入稿され、聖子さんにも全員分読んでもらった。

「皆さんにお礼を言っておいてください」

寄稿者の中には高齢の方がいたので、僕自身、直接会うことは叶わず、電話やメール、手紙で済ませることが多かった。残念なのは、依頼しようとしていた石堂淑朗さんが二〇一一年十一月に亡くなられていたこと。

書籍が完成し、書店やアマゾンでの発売となったが、まだひと仕事残っている。出版記念パーティーの開催だ。市ヶ谷にあるアルカディアで行うことに決めた。

前にも書いたが、以前出版記念パーティーの段取りをしたことがあったので、会場手配などはスムーズに行えた。聖子さんから手書きの住所録を預かり、手入力で案内状を出すリストを作成する。二百名くらいリストし皆さんに送ると、概ね半数が出席してくれることがわかった。

欠席の人でも長い手紙を送ってくれたり、お礼を言ってくれたりする人がいた。書籍を作ってよかった。

「でも〝欠席〟としても来る人は来るわよ」

聖子さんは過去に節目の開店記念パーティーを開いていたが、経験上、そういうものらしい。この忠告は実際的中した。

パーティーは二〇一二年六月に開催となった。当日、朝日新聞朝刊で『風紋五十年』が紹介されると、僕の携帯電話はひっきりなしに鳴り始めた。固定電話から転送させているので、次々かかってくる。多くの方が年配の人で、どうやって本を買えるのかとか、パーティーに参加できるのかとか、風紋に昔行ったことあるとか、いろいろ。

この頃、早稲田大学に通っている矢原君（仮名）がアルバイトをしてくれていた。彼は、早稲田でフリーペーパーを制作するサークルに入っており、僕が取材したことがあった。彼はたまたま僕と同じ府中出身、中学校の後輩だとわかった。その縁でアルバイトしてもらっていたのだ。

文学仲間の苅谷君、矢原君とその彼女、僕の交際相手・秋菜（仮名、のちの妻）の四人に受付をお願いした。司会は、寄稿者の一人で、もともと風紋に勤めていたことのある川上和加乃さんに依頼していた。風紋開店五十年パーティーの際も司会をされていて、是非にと頼んだら快諾してくれた。

パーティーには百三十人弱の方が参加してくれた。あとから芳名帳を見ると、なんだ、この人も来てくれていたのかあ、ということがあった。皆さんに挨拶しきれなかったのだ。

感慨深かったのは、安藤宏先生が来てくれたこと。僕が風紋に通うきっかけは、安藤先生の一言だったから。大学四年生のあのとき、先生が「風紋に取材に行ってみたら？」と言ってくれなければ、僕が風紋に行くことはなかったし、本を出すこともなかった。スピーチの下書きは何も用意しなかったが、そういうことを話した。反対に残念だったのは、粕谷さんが欠席されたこと。病気療養で行けないということだった。

『風紋五十年』は発売後一ヶ月くらいで増刷した。思わぬ反響もあったけれど、寄稿者の一人でもあった戸谷さんのおかげでもある。戸谷さんは何十冊もまとめて購入してくださった。制作途中にも、いろいろな資料を送ってくださり、大変助かった。そして、この日、戸谷さんは僕にプレゼントをくれた。

「お疲れ様です」

笑いながら差し出してくれたのは、太宰治『斜陽』の初版本だった。

「いいんですか」

「南田さんが一番持っているのに相応しいから」

ああ、これが聖子さんのおもしろエピソードにあった『斜陽』か。僕は遠慮せず受け取った。

パーティーは二時間、最後は聖子さんの挨拶で締めくくられた。もちろん、そのあとの二次会は風紋で行われる。売上でも貢献できたことが、何より嬉しかった。

24　粕谷一希さん逝去

二〇一四年五月三十日の夜、苅谷君からメールをもらった。

「新聞に載っているようです。粕谷さん亡くなられました」

僕は無言のまま、パソコンで検索した。「粕谷一希」と打って、手が止まる。その先の文字は入れたくなかった。Enterキーを押す指が微かに震える。


『斜陽』の初版本。1945年に新潮社より刊行

訃報が出ていた。粕谷さんが亡くなった。記事をクリックすると、粕谷さんのお顔が載っている。相変わらず気難しそうなお顔。でも、笑うと本当に優しく、温かい。
僕は寝室としていた和室に籠もった。このとき、すでに秋菜と同居している。声を押し殺して泣いていたが、嗚咽が漏れる。先にも後にも人が亡くなって、こんなに泣いたことはない。粕谷さんが亡くなってしまった。背骨がぽきんと折れた感覚があった。
通夜は護国寺で営まれた。雨の夜だった。山門で苅谷君、清原さんと待ち合わせた。僕は秋菜も連れて行った。

頭には確かに莉子のことがあった。粕谷さんは莉子のことを気に入っていた。秋菜を紹介したことはない。せめて最期だけは。

受付には、片山書店の上司がいた。辞めて以来、初めてお会いする。上司が言うには晩年、粕谷さんは病院でゲラをチェックしていた。ただゲラをめくる指も覚束なかったようだ。

多くの人が参列し、焼香まで随分時間がかかった。遺影のお顔を拝見し、心の中でお礼を口にした。本当にありがとうございました。

後日、粕谷さんの追悼本が出版された。僕も寄稿している。とてもありがたかった。同時に、僕は自分で出している『DayArt』で「追悼　粕谷一希」と銘打って、粕谷さんとの思い出を綴った。僕が粕谷さんのお仕事や業績を振り返るには無理がある。

粕谷さんは一般的には保守派の評論家、編集者と捉えられる。それに間違いはないのだろう。だが、僕の印象では、粕谷さんは文学に対して郷愁のようなものを抱いている気がした。それは、僕が太宰治を好きで、小説家になりたいと思っていたから、粕谷さんが話を合わせてくれていただけなのかもしれない。太宰のこと、安吾のこと、朔太郎のことを話すときの粕谷さんを見て、この人は本当は創作をしたかったんじゃないか、と思ったことがある。粕谷さんに聞いたことがある。

「どういう小説家を読んだらいいですか」

粕谷さんは二人の名を即答した。

「中島敦と大岡昇平だ」

中島敦は「山月記」や「李陵」ではなく、「光と風と夢」を薦めてくれた。ちくま文庫を買って読んだものだ。

大岡昇平は実際に編集者として接したとき、魅力的でもあったらしい。僕は高校のとき、授業で「野火」の文庫を読んでいたが、久しぶりにページをめくってみた。

粕谷さんを唸らすことができるものを書けるだろうか、と思ったものだが、遂に果たすことはできなかった。

後日、粕谷さんのお別れ会が開かれた。粕谷さんの著書が並ぶ中、『DayArt』も紛れて置いてあった。世話人の片山書店の上司の計らいだろう。

塩野七生さんや庄司薫さんといった粕谷さんが発掘された作家がいらした。粕谷さんと大学の同級生の佐々淳行さんは、車椅子ながらお元気にスピーチされていた。

宴たけなわとなり、粕谷さんのお孫さんが登壇した。粕谷さんのお宅の応接間にお孫さんの写真が飾られていた。可愛らしく微笑む女の子は、すっかり大人の女性になっている。意外なことにタップダンスをやっているという。彼女はその〝脚前〟を披露してくれた。軽快な靴音が会場の悲しみを、少し癒してくれる。

粕谷一希さん、享年八十四。

25　風紋で結婚パーティー

二〇一四年六月、僕は結婚した。結婚式はするつもりがなかった。妻も割と現実主義で、

「結婚式する費用があるなら生活費にしたい」

という考えで助かった。

だが、風紋の常連で太宰ファンでもある高野さん（仮名）が、

「せめて風紋でお披露目くらいはしなよ」

と言うので、聖子さんと卓さんに頼んでみたら快諾してくれた。

当日は、僕の高校時代からの友人で、バーテンダーをしている中村充宏君がシェーカーを振ってくれた。彼はカクテルの世界大会に日本代表として出場するなど、国際舞台で活躍している。彼と事前打ち合わせをし、「風紋」をテーマにしたカクテルを作ってくれた。全員分用意するわけにはいかないので、抽選で一人だけ飲んでもらった（もちろん、聖子さんには抽選なしで飲んでいただいたが）。

秋菜は風紋に何回か来ていたけれど、おおっぴらに紹介するのは初めてだった。彼女自身は、まったくといっていいほど本を読まない（ちなみに彼女も下戸）。だが、すでに亡くなっている母方の祖父は文学青年だった。本棚には古い『人間失格』があったという。

この祖父は、戦後まもなく『酩酊船』という同人誌の同人であった。妻のルーツはもともと関西であり、祖父は兵庫の龍野高校出身。関西の同人誌というと、富士正晴の『VAIKING』が有名だが、『酩酊船』というくらいだから随分影響を受けたのだろう。

『酩酊船』の同人には、後に芥川賞候補作品「孵化」を書き、大阪文学学校でも教えていた竹内和夫、映画監督となった前田陽一がいる。

もちろん、妻の友人も来てくれたのだが、不思議な縁があった。その女性の友人は妻より年少で、今では互いの夫婦四人で遠出したりもしている。

その彼女が、

「私のお祖父ちゃんが風紋に来たことあるんだよ」

と言う。

「誰なの？」

聞いたら、水田三郎さんだった。聖子さんに伝えたら、その近くにいた林静一夫人の節子さんの方が驚いていた。

「え、水田さんのお孫さんなの」

「はい」

水田三郎さんは檀一雄と親しかったのだ。雑誌「ポリタリア」の「檀一雄追悼特集号」に、水田さんが「チョコレートの詩」という文章を寄稿している。檀の最晩年、水田さんは能古島まで会いに行っている。そのとき、檀は水田さんにチョコレートを送ってくれ、と頼んだ。そして、届いたからお礼にと言って、水田さんに詩を送った。

酒の友が　送りよこせし　モロゾフの　甘きに耐えて　月の出を待つ

風紋の客は、遂にかつての常連の孫の世代へと突入したのだ。

結婚パーティーでは、いろいろなものをプレゼントしていただいた。特に印象的だったのは、林静一さんからのプレゼント。静一さんはイッセイミヤケの長袖の黒シャツをくれた。しかも蛍光色のパイナップルなどの絵柄が描かれている。

「こんな派手なのやめなさいって言ったのよ」

節子夫人が苦笑いしている。静一さんは相槌ひとつ打たず、

「南田君、これには白いズボンが合うよ」

と笑っている。僕は忠告通り、白いズボンなどを合わせて、今も大事に着ている。

26　年々変化する桜桃忌

フリーペーパー『DayArt』を始めるに当たって、桜桃忌を取材するようになった。かれこれ十年近く続けている。今さら桜桃忌の詳細を説明するのも野暮だが、少しだけ。

桜桃忌は太宰治の遺体が玉川上水から引き揚げられた日、六月十九日を指す（偶然なことに、同日は太宰の誕生日でもある。地元青森では「生誕祭」ということが多い）。

誤解されがちだが、命日ではない。太宰が山崎富栄と入水したのは六月十三日未明といわれる。

桜桃忌の「桜桃」は第一部でも触れたように、太宰の最晩年の短篇小説「桜桃」に由来する。太宰の友人・今官一が命名した。亡くなった翌年の一九四九年に、太宰のごく親しい人々のみで行われていた。この第一回に聖子さんは参加している。

聖子さんの遺品を整理していると、古い週刊誌が見つかった。『週刊サンデー毎日』一九八〇年六月二十九日号。めくってみると野原さんが「回想 櫻桃忌」という文章を寄稿していた。せっかくなので少し引用しておこう。

たしか（昭和：引用者注）三十一年頃からだったと思うが、定刻すこし前ごろ禅林寺に着くと、境内のあちらこちらの木の間かくれに、若い人たちが三々五々たたずんでいる。熱っぽさと羞じらいと、そしてかすかな好奇心が、その人たちの周囲にただよっている。

彼らに会費なんていらないから飲め、と言ったのが檀一雄だったという。以後、桜桃忌は遺族や友人たちの偲ぶ会というものから、一般へと広く開かれ、今に至るようになったといえよう。

当たり前のことだが、桜桃忌は土日に当たると、多くの人が集まる。二〇二二年は日曜に加え晴天、新型コロナウイルスが収まりつつあったということもあって多くのファンが来ていた。例年のように太宰の墓碑にさくらんぼが埋め込まれているだけでなく、お供えも多い。近くに森鷗外のお墓もあるのだが、この年は鷗外の没後百年に当たるので、例年に増して花が手向けられていた。

聖子さんは初期の桜桃忌には参加したが、その後はとんと参加していなかった。とはいえ富子さんのお墓が禅林寺にあるのでお布施を納めるなど、まったく来ていないわけではなかった。

聖子さんは『風紋五十年』の刊行をきっかけに、久しぶりに桜桃忌に参加した。太宰の弟子・小野才八郎さんがお堂で「雀こ」の朗読をし、しばらくぶりの対面となった。ある年は禅林寺から、国分寺にある若松屋に流れた。若松屋は太宰が足繁く通っていた鰻屋。初代の頃は三鷹にあった。また、ある年は天気が良すぎて聖子さんが熱射病になってしまったことがあった。

桜桃忌の日は夜になると、僕や太宰好きの常連客の何人かは風紋に流れた。先に登場した高野さんの提案で、僕ら四人は聖子さんにある贈り物をした。写真家・林忠彦がバー・ルパンで撮影した例の太宰の写真。高い椅子に胡座をかいている。林忠彦のご子息・義勝さんの計らいで額装してもらった。

「やっぱり太宰の写真がないと、しっくりこない」

高野さんは聖子さん以上に喜んでいた。それ以来、閉幕まで風紋には太宰の写真が飾られていた。

27　いたずら好きの〝少女〟二人

『風紋五十年』の刊行は僕にとって、いろいろな意味で大きかった。一つは風紋の近況は、南田に聞けばいい、という空気が多少なりとも生まれたこと。実際、刊行後もずいぶんご無沙汰しているという方からお電話やお手紙をいただくことが増えた。

また、寄稿者の方との交流だ。僕は刊行後、しばらくの時期まで寄稿者に『DayArt』を送ってもいた。

二〇一三年に発行された七号は、ちょうどエイプリルフールに近いこともあり、表紙に「さようなら」と書いた。休刊宣言である。もちろんウソ。その下に黒字で文章が掲載されているのだが、四箇所だけ赤字になっている。順から追っていくと「4月ばか」となるので気づく人は気づく。

だが、実際には十人近くの方から、メールやお電話をいただいた。休刊してしまうのは残念だ、惜しいと。騙してごめんなさい。まあ、それだけリアリティがあったのだろう。

『風紋五十年』の寄稿者の下出陽子さんも、その頃電話をくれた一人だった。下出さんは聖子さんの小学校の同級生、もともと出版社に勤務していたという。刊行直前は、手紙やお電話で原稿のやりとりをし、その後パーティーでお会いした。上品で利発的なお婆さまという感じ。とても親しげにしてくれた。

その日、電話で話していると、下出さんがよくわからないことを言う。

「今、家を出てきちゃったの」

下出さんは当時車椅子だった。僕は一気に不安になった。ひょっとして健忘症になってしまい、街中を彷徨っているのでは。

「今どちらかわかりますか、大丈夫ですか」

「ああ、あの、せ、聖子ちゃんに電話を」

そこで通話が切れた。一大事だ。すぐに聖子さんのご自宅に電話した。

「はい、林です」

「あ、南田です。大変ですよ、今下出さんから電話があって……」

僕が説明すると、

「え！」

と声を上げ、聖子さんは絶句した。数秒後、受話器越しに笑い声が漏れる。くすくすくす。

「ごめんなさい、南田さん。ウソなの」

「え、何がですか」

事態を呑み込めない。

「エイプリルフール。陽子ちゃんがあなたにまんまと騙されたって言うの。だから仕返ししたいって。

もう悪い冗談よね」

言いながら聖子さんの声は震えている。笑いを堪えている姿が目に浮かぶ。

「なんだあ、完全に騙されましたよ」

「陽子ちゃんも喜ぶわよ」

聖子さんは元劇団員だから演技はうまい。それにしても、下出さんは迫真の演技だった。後日、下出さんと話した。

「まったくウソとは思えなかったでしょ。ああ、ボケちゃったんだって」

「はい、否定はしません」

下出さんは上品に笑った。

僕はなんだか小学生に戻ったみたいで、同級生二人の女の子にからかわれた気分になった。けれど少しも嫌な気がしない。むしろ嬉しかった。本当に仲間になれた気がしたから。

28 敷居が高くなってしまった風紋

風紋は一般的な人には知られていない店だ。やはり文学や美術、出版に関心のある人が知っている、というバー。僕は独立してから、いろいろな業界の人と会うことがあり、割合積極的に風紋の話をしてきた。陰で僕は〝風紋営業部課長〟と自負していた。

「へえ、文壇バーというのはまだあるものなんですね」

やはりイメージとして〝昭和〟なのだろう。平成の世、二十一世紀の世にそういった文化的なサロンのようなものが残っているのか。

「きっと高いんでしょうね」

まず全員がそう口にする。中には率直に聞いてくる人もいた。

「南田さん、風紋に連れて行ってもらえませんか」

「いいですよ。一緒に行きましょう」

「それで……いくらぐらい財布に入れておけばいいですか」

声を潜める。やっぱりそうだよな、不安になるよな、と思いつつ説明する。風紋はチャージが千五百円。たぶんずっと変わっていない。それでドリンクを注文すれば、二千円から二千五百円くらいとなる。片山書店の片山さんが、かつて沖縄から手配したという古酒《くーす》が風紋にもあった。特別の甕に入っており、これは割と高かった。何杯か飲んだり、簡単な料理を食べれば五千円くらい。ボトルなどを入れない限り、一万円を超すことはない。

「なんだ、そのくらいなんですか」

皆、胸を撫で下ろす。

考えてみれば、当然だ。僕なんか初めて風紋に行ったとき、なけなしの三万円を財布に入れていたくらいだ。普段バーに行かないような人は費用感などわからないだろう。

それに風紋には掲げているメニュー表がない。正確にいうと、あるにはある。昔はトイレの壁にも貼られていた。もちろん率直に聞いてくれれば、聖子さんも卓さんも答えてくれる。でも、どうも腰が引けて聞けない。単純に恥ずかしいし、なんだかマナー違反みたいに感じるのだろう。よくわかる。

初めて風紋にやってきて、コーヒー一杯飲んだ人がいた。

「おいくらですか」

「二千円です」

卓さんがさらっと答えると、

「え！」

と、その人は絶句した。

「チャージがかかりますから」

仕組みをわかっていないと行きにくいのは確かだ。

さっきも触れたが「文壇バー」と言われ続けることに、聖子さんは矜持と自嘲を抱えていた。客側からすると、どうしても敷居が高くなる。文学に興味がない人間が行っていいものか、馬鹿にされやしないか、常連さんたちに怒られはしないか。そういう心配もあるだろう。

そういう両者の葛藤というか思い違い、すれ違いといったものを抱えたまま、時間だけが過ぎてしまったといえる。風紋の幕は、降りかけていた。

29　二〇一八年六月閉幕

風紋のお客さんが減ったのは、率直にいえば、聖子さんが高齢になってきたということが一番大きい。晩年、聖子さんは大病を患うことはなかったけれど、入院したりと、体調を崩すことはあった。その間、お店は開いていることもあったが、なかなか安定しない。

常連の多くが鬼籍に入り、または聖子さん同様年を重ね、足遠くなる。新規のお客さんは敷居の高さゆえ、気軽にはやってこない。ボディブローのように、年々、効いてくる。

サービスの質の低下も、残念ながらあったとはいえる。料理が出なくなったり、ということもあった（一日の客数が見込めないと仕入れも難しい）。暇を持て余すと、聖子さんと卓さんの関係もぎすぎすしてくる。常連はもちろん、滅多に来ないお客からしたら、余計その空気に敏感になったかもしれない。

僕はというと、風紋に足が向かなくなった方だ。一ヶ月に一度行けばいい、という状況でもあった。

二〇一八年に入り、僕の元に、風紋を心配する常連さんから連絡があった。近況を常に伝えてくれる方だった。あまりいい状況ではないということはわかっていた。四月になり、報告はより厳しい内容になってきた。単純な話、このまま経営し続けるのは聖子さん家族にとって、大きな負担になってしまう。潮時かもしれない。いや、幕引きだ。それを決断しないとならない。

だが、五十年以上続き、歴史のあるお店の幕引きを、僕一人で担っていいものか。聖子さんたちをどう説得すればいいのか。僕は公私ともにお世話になっていた、聖子さんの古くからの知人でもある中井さん（仮名）に相談した。中井さんはすぐに、

「風紋に行こう」

と僕に告げた。実に行動が早い。僕は事前に聖子さんに連絡し、中井さんと店に伺うことを伝えた。

静かな店内、中井さん、聖子さん、卓さん、僕だけがいる。聖子さんは薄々気づいていたかもしれない、訪問の目的を。

中井さんは世間話から入り、柔らかい口調で話し始めた。僕は黙って聞いている。風紋の現状につい

て、次第に話題が移っていく。ゆっくりと、体を解きほぐすように。一方で、僕らの間には張り詰めた空気がじっと留まってもいる。

「聖子さん、もう風紋続けていくのは難しいかもしれません」

僕はストレートな物言いをした。業を煮やしたわけではない。現実を突きつけていかないとならない気がしたのだ。辛いけれども、それをやらないとならない。

それから僕らは二時間くらい聖子さんを説得した。厳しい言葉も時折飛び交った。でも、その日、話し合いは決着しなかった。

二日後くらいに、今度は風紋ではないところで会った、昼間に喫茶店で。中井さんと僕が必死に説得する。僕は辛くて仕方なかった。それに怖かった。若輩者の僕が聖子さんに、このようなことを話しているという現実が。しかし、やっぱり言わないといけない。言わないと、風紋だけではなく、聖子さんたちの生活までも壊れてしまう。

この二日の話し合い、聖子さんはほぼ口を利かなかった。それがまた、怖くもあった。

「風紋を閉めないといけないんですね」

ふと聖子さんがきっぱりとした口調で聞いてきた。少しも感情の乱れがない。表情も変わらない。

「はい。もう閉めないと無理だと思います」

「いつですか」

契約の状況はまだ詳しくわかっていなかったが、早ければ早い方がいい。

「六月くらいには」

「わかりました」

その一言で、風紋の幕引きが決まった。

その後、友人の苅谷君の手も借り、大家さんとの交渉に入る。風紋は契約終了後、すぐに新しいお店が入ることが決まっていた。六月二十八日。それが風紋最後の日となる。

中井さんも、このとき疲労困憊だったと思う。中井さんだって聖子さんと変わらず高齢だし、本業のお仕事もある。中井さんがいなければ、ここまで話は早く進まなかった。

「ふさわしい終わりを用意しないといけない。聖子さんは舞台をやっていたからね。閉店ではなく〝閉幕〟としよう」

中井さんは、お別れ会ではなく「閉幕の会」とすることを提案した。僕が発起人となり、閉幕の会の準備に入った。

苅谷君をはじめ、風紋で働いていた女性スタッフ、常連客の方の力を借りて、段取りをつけることになった。一方で、僕はマスコミ関連に風紋閉幕の件を伝えた。すると、各紙が取材してくれた。異例だったのは、朝日新聞と読売新聞が共同で取材に立ち会ったことだ。二人の記者は互いにライバル同士と目しながら、風紋の閉幕を惜しんだ。お二人は熱心な太宰ファンだったのだ。

新聞などのメディアに風紋閉幕が報じられると、お客さんがひっきりなしに訪れた。閉幕の会の日は二日間、六月二十一日と二十二日だったが、五月以降、連日のように新規客がやってくる。特に多かったのは太宰ファンだ。全国各地からやってきた。

広島からやってきた親子がいた。中学生の娘さんが、どうしても風紋に来たい、と言うので、お父さんが連れてきたのだ。聖子さんに会って、娘さんは泣いていた。聖子さんも、このときばかりは、心が靡いたようだ。

僕は五月以降、なるべく時間があれば風紋に立ち寄った。いろいろな段取りもつけないといけない。なにせ風紋を閉めたあと、空っぽにして引き渡さないといけないのだ。荊谷君やラビさん、亞弥さんとともに家具やら食器やら書籍やらの片付けを行った。かたや閉幕の会の案内状を作成し、それらを出さないといけない。常連客の方にも手伝ってもらい、発送した。

長い二ヶ月だった。僕は原因不明の右足の痺れに悩まされていたが、どこかぼんやりとしながら日々を送っていた。心、頭、体が全部別々のものになってしまったよう。ただ、月日だけは流れていく。

いよいよ閉幕の日の初日を迎えた。続々とお客さんがやってくる。懐かしい顔が揃っている。だが、そこには粕谷さんも松本さんも松崎さんも寺田さんも高田さんも戸谷さんもいない。

「みんな亡くなっちゃった」

聖子さんの言葉ではないけれど、僕は頭の中にみんなの笑顔を思い浮かべ、幻を追っていた。

司会進行も何もないけれど、僕は発起人ということもあり、挨拶をしようとした。けれど、すぐに視界が滲んだ。

ああ、本当にこれで最後なんだ。皆さん、申し訳ない。風紋を続けさせることができなかった。ごめんなさい。でも、みんなは笑顔のままだった。しばらく嗚咽が止まらなかった。なんとかありったけの空気を吸い込み、呼吸を整え、挨拶を口にした。

二日目もお客さんが絶えない。二〇二二年に小説デビュー作『テーゲベックのきれいな香り』を刊行した、詩人の山﨑修平さんも来てくださった。僕は入り口近くのボックス席にいた。坪内さんはもう酔っているのか。周囲のお客さんと少し揉めている。ハラハラするような光景も残り数日しか味わえない。坪内さんは風紋閉幕が決まってから、いろいろと差し入れを持ってきてくれた。お客さんが混んできたこともあり立ち上がって、出入口の扉の方へ向かう。ぱっと斜めに振り返り、

「南田君、ありがとう」

と手を掲げた。びっくりして僕はすぐに反応できなかったが、

「はい！」

とだけ応じた。もう坪内さんは階段の上にいる。

まさか坪内さんが僕に礼を言うとは思いもしなかった。『風紋五十年』の制作のときも制作後も、僕は坪内さんと口を利いたことがない。というより、一度もないのだ。やはり坪内さんは怖い人というイメージもあったし、無理して話しかける必要もない、何だったら僕の存在など知らないと思っていた。

このことは、僕には嬉しかった。閉幕したことで、僕にはやっぱりどこか罪悪感のようなものがあった。本当に正しい判断だったのか。引き金を引いたのは、間違いなく僕なのだ。その責任を負う気持ち、覚悟はあったのか。そう自問し、答えは出ていなかったから。

坪内さんは二〇二一年に亡くなられた。あのときが坪内さんを見た、僕の最後でもあった。

いよいよ閉幕の会も終わる。まだ営業日は残していたが、ここで聖子さんに挨拶してもらうことにした。時間は九時頃だったと思う。

聖子さんは時折小さな笑みを浮かべたり、涙こそ流さないが言葉に詰まったりし、絞り出すように皆さんへの感謝を述べた。僕ら聴衆も涙を堪えるのに必死だった。風紋の店内を照らす橙色のライトが妙に眩しかったのを覚えている。

六月二十八日、風紋の店内は空っぽになっていた。ぎりぎり荷物の片付けが済んだ。苅谷君が本当によく動いてくれた。彼も風紋の、聖子さんの大ファンの一人だった。カウンターは居抜きでそのまま使うというので残してあるが、実質、最初で最後の立ち飲みバーとなった。

相変わらずお客さんはやってきたが、閉幕の会よりかは少ない。どこかしんみりとした営業となった。十二時近くになり、お客さんが引き、ここで営業を終えることになった。いくら片付いたとはいえ、まだ本日営業分のゴミや空き瓶などがある。

深夜二時頃、ようやくその片付けも済んだ。

「ありがとう。少し休んで」

聖子さんは僕らをねぎらってくれた。皆、疲労困憊だ。僕らは剥き出しのアスファルトの上に尻をつき、それぞれがぼんやりしながら、風紋店内を見渡していた。そのうち、洋画家で風紋のスタッフだった手塚真梨子さんが歌を歌い始めた。ゆっくりと、でも、適度に情感を込めて。それを聴きながら、僕は、自身の中で、最後の風紋を味わい、噛み締めていた。

ゴミ袋をお店の外の所定位置に置き、シャッターが下ろされる。

「お疲れ様」

まだ明日も営業が続くようなお別れの仕方だった。

「明日から来ないでいいなんて、変な感覚」

聖子さんはぽつりと呟いた。当然、まだ現実を受け止めきれないのだろう。五十七年、通い続けた道を、家へとゆっくり歩き出す。けれど、明日、この道を行くことは、もうない。

二〇一八年六月二十八日、風紋、閉幕。

30　風紋閉幕を受け入れる時間

風紋閉幕後、聖子さんとは何回か会う機会はあった。二〇一九年三月には、聖子さんの父・林倭衛の回顧展が弥生画廊で開かれた。聖子さんの舞芸時代の友人・青木清志さんのオフィスと近いこともあり、画廊のパーティーのあと、そこに流れ、聖子さんの誕生日会を開いた。休日だったにもかかわらず、青木さんの会社の方も手伝ってくれた。

だが、その後コロナの影響で、僕は聖子さんに会えなかった。結果的に、この日が聖子さんに会った最後となった。

二〇一九年の暮れ、聖子さんから電話があった。

「今年は本当にありがとうございました。無事に風紋が閉店できたのも、南田さんのおかげだった」

聖子さんは少し柔らかい声で、はっきりと言った。風紋は前年に閉幕している。僕は聖子さんの衰えを感じたが、違うかもしれないと思い直した。聖子さんはこのとき、やっと風紋の閉幕を受け入れることができたのかもしれない。二〇一八年六月二十八日に閉幕し、一年以上の時間をかけ、ゆっくりと風紋閉幕を自身に受け止めさせたのかもしれない。それだけ聖子さんには辛い現実で、葛藤もあったろう。

「なぜ風紋を閉めないといけないの?」

聖子さんは閉幕の説得の際、僕に問うたことがある。ひょっとしたら、僕のことを恨んだかもしれない。そういう方ではないとはわかっているけれど。

でも、聖子さんは二〇一九年の暮れ、僕に電話をかけ、

「ありがとう」

と言ってくれた。一年以上遅れの感謝の言葉を聞いて、僕もようやく風紋の閉幕を受け入れ、少しは自分を許すことができた。

31　林聖子さんの死

森まゆみさんの『聖子』が二〇二一年に刊行され、大きな話題となった。僕は亜紀書房の編集者の方や後藤洋明さんから、聖子さんの近況を聞いてはいた。コロナ禍にもかかわらず、コロナに感染することなく、平穏に過ごしているようではあった。

二〇二二年二月二十三日夜十一時過ぎ、その報せは届いた。スマートフォンが揺れている。僕はもう眠るつもりで、頭を枕につけていた。電気をつけスマホを見ると、卓さんからだった。

「あ、ご無沙汰しています」

「夜分、ごめんなさい。母・聖子が今日の四時頃、亡くなりました」

淡々とした声だった。

「あ」

言ったきり、僕は黙ってしまった。

「そうですか……聖子さんが」

言葉にしてみても、ぴんと来ない。

その後、卓さんと少し喋り、電話を切った。ご時世から、通夜や葬儀はやらないだろうと思っていた。

後日、新聞で聖子さんの逝去が報道された。僕の元にも、何人かの風紋常連客から連絡が届いた。

僕は荊谷君と手塚さんと弔問に伺った。風紋閉幕以来、聖子さんのご自宅に伺うことはなかった。マンションの部屋の扉を開けると、聖子さんの遺骨がある。その背後には石本卓史さんに撮ってもらった、あの聖子さんの写真が飾ってあった。僕らは焼香を済ませ、少しだけ上がらせてもらい、卓さんと孫の有人君と言葉を交わした。

それから、僕らはコロナも落ち着きつつあったので、新宿駅近くで夕飯を食べた。僕らなりの偲ぶ会でもあった。僕は酒を飲まないが、荊谷君はそこそこ飲める。手塚さんに至っては、ザルだと聞いている。荊谷君は酔いが早く回ったのだろう。聖子さんを偲んで涙を流した。手塚さんもしんみりと目を濡らしている。僕は風紋閉幕の会で、さんざん泣いたから、泣きはしなかった。というより、涙が出なかった。

粕谷さんが亡くなったとき、僕は嗚咽が止まらなかった。比べるわけではないが、聖子さんの死に対して、それ以上に泣いたっておかしくない。

だが、感情に蓋をされたように、いや、もう蝋封してしまったかのように、涙が出てこない。湧いてこない。聖子さんが亡くなって、悲しくないんだろうか。喪失感はないんだろうか。もうコロナによって会えていなかったからか。しばらくそんな状態が続いた。

『DayArt』二十七号を出すに当たって、僕は特集内容を差し替え、「追悼　林聖子」号とした。聖子さんのことを書く。

今でも初めて会ったときのこと、風紋の扉を開けたときのことは忘れない。どんどん筆が進む。

次第に、涙が込み上げてきた。

なんだ。本当に死んじゃったのか。こうやって思い出さないといけない日が来ちゃったのか。

僕は原稿を書きながら、静かに泣いていた。もう嗚咽することはない。涙で目を光らせ、洟を啜りながら、書く。

古田晁が太宰の弔辞を読んだ際、涙声で何を言っているのかわからなかったという逸話がある。聖子さんからも聞いていた。

それほど、古田は太宰を愛していたのだろう。情熱があったのだろう。

反対に、太宰はどうだったんだろうか。誰かの死に際して、彼はどういう風に泣いたのだろうか。いや、そもそも涙を流したのだろうか。そういうことは、あまり聞いたことがなかった。

ひょっとしたら、太宰も嗚咽はしなかったかもしれない。ただ、静かに筆を原稿用紙に滑らせ、つらつらと書いていたかもしれない。悲しみと寂しさを、筆に託し、言葉に託し、けれど、抑揚を利かせて。

自分の書いた原稿を読み返すのは、照れ臭いものがある。多くの方から反響をもらい、

「聖子さんへのラブレターみたいだった」

と評した方もいた。なるほど、ラブレターか。僕には、林聖子という人が、まったくわからなかった。何を考え、何を感じているのか。畏さがあった。

けれど、わからないから、聖子さんには惹かれた。何もかもわかってしまったら、おもしろくない。

ついぞ、僕には聖子さんを知る機会はなかったのだ。

聖子さん、本当にありがとうございました。

風紋よ、本当にありがとう。

32　聖子さんの遺品整理

ここで終えておけば、綺麗なのに、続けてしまうのは物書きの性。いや、単なる欲張りなんだろう。

後日談というわけではないが、聖子さんが亡くなられたあとの話を残しておこう。

ご遺族が聖子さんの遺品整理を行うというので、二回に渡り、ご自宅にお邪魔した。また、それとは別に三鷹の禅林寺でもお会いした。

聖子さんの母・富子さんは太宰と同じ年の一九四八年十二月に亡くなり、その後、禅林寺に納骨された。太宰のお墓から近く、もう少し奥側にある。桜桃忌では太宰ファンの方がお花を供えてくれることがある。

聖子さんの遺骨をどこに納めるのか。父・倭衛と富子さんは離婚していたので、異なるところにお墓がある。ちなみに倭衛の墓は埼玉・浦和にあるのだが、ご遺族は分骨するかどうか迷っておられた。だが、最終的に、聖子さんは禅林寺の富子さんと一緒のお墓に眠ることになるという。

聖子さんの息子・卓さんは遺品整理に当たって、いろいろと貴重な資料を見せてくれた。何より驚いたというか感心したのは、資料がきちんと整理されていたことだ。新聞や雑誌の切り抜き、写真、そういったものが綺麗にファイリングされている。保存状態がいい。粕谷さんや松本さんなどが寄稿した文章の切り抜き、あるいは雑誌そのものもあった。

聖子さんは二十代の半ば、演劇の道に進んだが、そのときの舞台写真も多く、台本もいくつかあった。そのうちの一つに、太宰の「カチカチ山」の台本ゲラコピーがあったのだが、いつ上演されたものかがわからない。ただ、うっすらと記憶しているのは、舞台でやったことがあったという話。聖子さんはウサギの役だったと思う。となると、主役だ。

僕はこれらの貴重な資料のうち、何分の一かを預からせてもらった。その中に個人的に大変関心のあるものが見つかった。富子さんの直筆と思われる短歌のメモ。一枚に一首ずつ書かれていて、まとめてクリップで留めてある。数えたら七十五首あった。

そのうちの一枚だけ、裏にメモが書いてあった。

「昭和十一年十一月十四日　ふじみ高原の療養所に入院」

どうやら療養している先で詠んだもののようだ。今回、巻末付録として、その全七十五首を掲載しておく。現物はしかるべき時期に、公開できればいいと思う。

興味深いことに、『太宰治の年譜』（山内祥史）によれば、太宰は昭和十一年十一月末から二ヶ月の予定で富士見高原療養所に入院することになっていた。実際には武蔵野病院に入院するのだが、時同じくして太宰と富子さんはひとつ屋根の下に入院していたのかもしれない。

僕は遺品整理が終わり、一段落したとき、卓さんと一時間近く話した。聖子さんには面と向かって、お礼を言えなかった。いや、聖子さんに限らない。粕谷さん、松本さん、松崎さん、大野さん、寺田さん、そのほかの方々、皆に。

「でも、そういうものだと思うよ。言わなくてもわかることがあるから」

卓さんは言ってくれたが、僕はいつ言えるかわからないから、これを機にお礼を伝えた。

「こちらこそありがとうございました」

改めて卓さんも言ってくれた。

「聖子さんはどういうお母さんでしたか」

林聖子さんの遺品から見つかった資料。
秋田富子の若き頃の写真と自身が詠んだ短歌

どうしても聞いてみたくて尋ねた。卓さんはしばらく考えたのち、

「お店と家では違う面があったけど、意外とわがままだったんだよ」

と笑った。

「それに過干渉」

卓さんはニヤッとして、付け足した。

「ああ、なるほど」

僕は風紋での親子のやりとりを思い出して、妙に納得した。

僕にとって、聖子さんや卓さん、風紋はお礼を言い尽くしても足りない。本当に感謝しかない。卓さんが別れ際に言ってくれた。

「南田君は、ママにとって、お客さんとかじゃなく、一番年少の友人だったんじゃないかな」

僕は思わず泣きそうになってしまった。着けていたマスクを、くいっと持ち上げた。

それを聞いただけで満足だった。

そうなのだ。

粕谷さんや松本さんも年齢は違えども、友人だった。

そして、聖子さんも友人だったに違いない。

巻末付録

秋田富子詠短歌75首

順番はランダム（作品中の表音文字として用いられた漢字には適宜ルビを添えた）。
難読歌稿数首は国文学者・石崎等先生に御教示戴いた、記して感謝致します（編集部）。

夜霧をく　あら草原の　そこゝに　現つさきゆく　月見草のは奈《な》

まめ可《が》らをここだも*くべて　風呂を焚く　夕べはさむし　雪のふりくる

ここだも（古語）こんなにも多く

たそ可《が》るゝ　この丘の木の　葉ごもりに　光りさびしも　息づくほたる

われもこう　萩の花さく　高原に　秋とし思ふ　風寂び尓《に》けり

旅なれ盤《ば》　吾もうけてほす　夕酒を　楽しとみなば　泣きもこそすれ

松木原　松をひらきて　ほりならす　赤土のいろ　しるく目尓《に》たつ

手の中の　青きひ可《か》りの　わびしけれ盤《ば》　闇尓《に》放てり　あわれほたるを

人恋ふる　むせびごゝろ尓《に》　日は過ぎぬ　しら梅のはな　今は咲けるも

小夜ふけて　風いで尓《に》け里《り》　まくらべの　雨戸尓《に》あめの　さやる音する

とほり雨　は《(わ)》づ可《か》尓《に》降りて　ほし草の　にほひ来るかな　枯野の方ゆ

いのちありて　再の會ひ尓《に》は　朗か尓《に》　その淋しさを　生きつゝあらむか

月見草　はなさく原ゆ　仰ぎみる　八つが根はろ尓《に》　暮れ沈みた里《り》

一人ゆく　おぼろ浅夜の　はるか尓《に》は　ぬれてならべる　街の灯可《か》みゆ

この道の　わ多《だ》ちのくぼみ　深けれ盤《ば》　なづみつゝゆく　荷車のおと

ほし草の　しめり香にほふ　暮れどきを　思ひ淋しく　丘尓《に》むかへば

とこしえ尔《に》　解くよしもなく　吾可《が》病めば　生きこそ深き　嘆きなるらし

みな月と　いへ盤《ば》夕野尔《に》　吾可《が》如く　末尓《に》し人かも　そゞろゆく影

枕べの　花はちらなく尔《に》　春まだき　思ひのこして　逝きし人はも

夕さりて　風うらわびし　丘なごりに　植えしとうなすの　広葉さやぎて

月可《か》げの　明るき庭尔《に》　とりのこす　乾物白し　目尓《に》さむ〴〵と

生ありて　こゝにあゆめば　草の香の　そゞろ尓《に》物を　思はするかも

か丶る日も　人死尓《に》ゆけ里《り》　天つ陽は　か丶はりもなく　かゞよひをれど

明日の日を　知らず田のくろ尓《に》　つくし摘む　このむなしさよ　知りて久しき

鷲羽山　ようやくのぼり　き尓《に》し可《か》ば　海はひらけて　嶋あまたみゆ

ひそや可《か》尓《に》　丹の花もちて　秋はぎ可《か》　垣尓《に》あふれて　美しきかな

手をとりて　語るち可《か》しさ尓《に》　ありな可《が》ら　はる可《か》なる如し　君可《が》面影

相よびつ丶　し可《か》もさ可《か》りゆく*二ツの　心はけだし　さだめなるべし

さかりゆく（古語）離れてゆく

あさもやの　いざよふ庭尓《に》　ほの〲と　垣尓《に》あ可《か》るき　こうしよくきの花
美辞れい句　虚言を放つ　この男の　面皮は可《が》さむ　一言も可奈
口角に　泡をとばせば　こう臭の　ます〳〵しるし　鼻をおほふも
人尓《に》云はぬ　嘆きを云ひて　吾をしも　たのめる父は　むしろ悲しき
若葉可《か》ぜ　そよろ尓《に》吹きて　さびしさの　極まりし可《か》な　帰らな吾は
声あげて　泣可《か》まく思ふ　何可《が》故と　ある尓《に》はあらね　ひた尓《に》悲しく

松の木の　めぐる新家尓《に》　おきふして　吾すこや可《か》に　なりぬべき可奈《かな》

終焉の　つひ尓《に》至りし　隣室の　気配あわたゞし　足音せわしく

こゝ尓《に》して　松風の音　きゝしより　うとけくありし　人を恋ふるも

月可《か》げを　ちゞ尓《に》久《く》だきて　うな岸の　石の姿は　青くすゝれる

はんの木を　仰げ盤《ば》早き　夕月の　ほの白きかな　その枯えだ尓《に》

かゝる日の　なしと誰可《か》云はむ　身をあげて　こゝ尓《に》至りしを　思ひみるべし

まむ可《か》（ひ《?》）て　淋しきを云ふ　この父の　なげきは吾尓《に》　か丶れとぞ思ふ

ひるな可《が》ら　こほろぎ鳴けり　吾可《が》室の　暗しはしゐの　下のあたりに

吾可《が》死する　日はいつならむ　ゆめ多き　この明け暮れの　堪え可《が》たさか奈《な》

野尓《に》秋の　ひ可《か》りみなぎれり　か丶る日を　病める可《か》悲し　いえよとぞ思ふ

からくも堪えゐし涙可《が》　人ゆきて　ひとりとなれ盤《ば》　かくも流るる

赤松の　木の間こぼるる　陽の光り　ひそけき丘の　おみなえしの花

夕されば　おのづ淋しも　いでゆきて　巷の人尓《に》も　もの云はむとす

高原は　秋づくはやし　野の草尓《に》　せう〴〵として　風ひ可《か》るみゆ

淋しさを　内尓《に》湛えて　花さけ盤《ば》　かほりはとぼし　おみなえしの花

吾可《が》病　またもきざしつ　ふくらめる　骨をなでつゝ　思ひかなしも

その可《か》みの　ふたりの如く　あゆみおり　云ひ難き思ひ　むね尓《に》秘めつゝ

くさ〳〵の　嘆き尓《に》堪えて　帰り来し　吾可《が》ふる里の　父老ひ尓《に》け里《り》

わ可《が》とりし　玉のは可《か》なさよ　今尓《に》して　悔ひて思へど　みな過ぎしこと

君可《が》行為　ゆるすべ可《か》らず　いつとせの　吾可《が》いきどほり　きはまりにけ里《り》

汝を思ふ　心は成らず　ふる里の　ふり尓《に》し家尓《に》　ゆきて忍ばむ

うつそみの　吾可《が》な可《が》病めば　なりはひ尓《に》　追はるる夫は　けふも出でゆく

人知れず　花もつものか　葉の蔭尓《に》　はなはこぼるる　垣のあき萩

月きよき　寒き夜頃や　境内尓《に》　まめまきみんと　人むれてゐる

夕戸くる　吾可《が》目尓《に》さびし　屋根の雪尓《に》　かす可《か》尓《に》風呂の　煙なづさふ

たゞ一言　いはゞ寄りゆく　吾らぞと　思ひ思へど　むなしき尓《に》過ぐ

うみべ尓《に》し　夜はさびしき　虫の声　きゝつつあらむ　吾子可《か》思ほゆ

何ごとの　ありと思へや　吾可《が》前に　座れる君は　昔のまゝに

つれ〴〵尓《に》　わ可《が》ゆく丘の　栗の木の　いつ咲き尓《に》けむ　花もち尓《に》け里《り》

雨ふれば　ましてを淋し　ひるな可《が》ら　ゆ可《か》したあたり　すだくこほろぎ

松林　こして吹きいる　夕風の　すゞしき家尓《に》　移り来尓《に》け里《り》

遠くきて　海をみおろす　この宿の　おも屋は古りし　かやぶきの屋根

夏草を　ひる吹く風の　涼しさ尓《に》　ゆきて手折らな　女郎花のは奈《な》

冬ぞらの　さむき曇りを　とび一羽　屋根尓《に》とまりて　動可《か》ざりけり

はだら雪　いまだのこれる　山なみの　裾尓《に》小ひさき　家ひとつ見ゆ

しみ〴〵と　野山思ほゆ　秋草の　はなわれもこう　咲き尓《に》けらずや

ひそや可《か》尔《に》　秋を待てると　よそほひの　うすら黄尔《に》澄む　女郎花のはな

こと〳〵尔《に》　涙をそゝる　この頃の　吾ゆえに　夕べ人のこひしさ

夕がほの　柵の広葉尔《に》　さす陽可《か》げ　照り可《か》げりする　雲とべるらし

たまきはる　いのち更えさんと　終焉の　人をよぶ声　かべごしきこゆ

病院の　あれ庭をゆく　ゆ可《か》た着の　姿さびしく　夏さりにけり

秋づきし　ふじみの原尔《に》　荷車の　音なつ可《か》しき　頃となり尔《に》し

おわりに

人には一生の中で、何人かの恩人がいると思う。本書は、僕にとっての恩人の記録でもある。

ひょんなことで、太宰治と出会い、風紋に出会い、様々な人と出会った。林聖子さんという恩人が亡くなったことで、一つの人生の区切りがついた。気づけば僕も四十路に足を踏み入れている。人生百年時代などはまやかしに過ぎず、まともに考えれば、人生の折り返しは過ぎている。何か形に残しておこう、と決断するのに、そう迷うこともなかった。

第二部で登場した松崎敏彌さんの言葉が、ずっと頭に残っていた。「いつか風紋のことを書くんだぞ」。そのときのため、僕は起きた出来事を頭に刻んだ。そして、時が来たのだ。

太宰治に会いたかった。一方で会わずにいることでよかったと思っている。憧れとは叶わないことであるから。故に憧れを追い続ける。きっと生涯そうしていくのだろう。

本書の刊行に当たり、様々な方にご協力いただいた。聖子さんの息子・卓さん、孫・有人君は本書刊行を快く許してくださった。風紋の閉幕までの二十年は、いつまでも忘れない記憶となるだろう。風紋の元スタッフ、常連客の方には、事実確認の上でもお世話になった。風紋は閉幕したが、今でも交流を持てることに感謝したい。

友人や文学仲間にも励ましの言葉をいただいた。僕は小説や詩も書いている。皆さんと共に発展できればと願っている。

妻にもお礼を言いたい。日々、僕のわがままをぐっと堪えてもらっていることが多いからだ。

太宰関連で親しくしている方々にもお世話になった。ありがとうございます。

本業でお世話になっている方々へもお礼を。今後もどうぞよろしくお願いします。

本書刊行を快く引き受けてくださった未知谷の飯島徹さんにも、改めてお礼を。飯島さんも風紋のご常連だった。尊敬する編集者のお一人でもある。本書が未知谷の刊行物の一冊に収まることが、何よりの誇りである。また、本書制作に携わっていただいた方々にもお礼を。

最後に読者の皆様へ。本書を読んでくださりありがとうございます。勝手なことをいろいろ書きましたが、未だにこういう文学青年がいるんだな、と呆れてください。

本当に最後の最後。改めて、風紋よ、ありがとう！

二〇二二年十一月二十五日

南田偵一

参考文献

＊太宰治の作品テキストの引用は、新潮文庫などによる。

安藤宏『「私」をつくる　近代小説の試み』岩波新書、二〇一五年
安藤宏『太宰治論』東京大学出版会、二〇二二年
奥野健男『太宰治』文春文庫、一九九八年
粕谷一希『中央公論社と私』文藝春秋、一九九九年
嘉村磯多『業苦 崖の下』講談社文芸文庫、一九九八年
田中和生『新約太宰治』講談社、二〇〇六年
田中英光『師 太宰治』津軽書房、一九九四年
檀一雄『小説　太宰治』岩波現代文庫、二〇〇〇年
津島美知子『増補改訂版　回想の太宰治』人文書院、一九九七年
堤重久『太宰治との七年間』筑摩書房、一九六九年
寺田博『昼間の酒宴』小沢書店、一九九七年
寺田博『文芸誌編集実記』河出書房新社、二〇一四年
中村稔『私の昭和史 戦後編（上）』青土社、二〇〇八年

野原一夫『回想　太宰治』新潮社、一九八〇年
野平健一『矢来町半世紀』新潮社、一九九二年
林聖子『風紋五十年』パブリック・ブレイン、二〇一二年
藤原書店編集部『名伯楽　粕谷一希の世界』藤原書店、二〇一五年
三浦雅士『青春の終焉』講談社、二〇〇一年
三島由紀夫『私の遍歴時代』ちくま文庫、一九九五年
森まゆみ『聖子　新宿の文壇ＢＡＲ「風紋」の女主人』亜紀書房、二〇二一年
矢代静一『旗手たちの青春』新潮社、一九八五年
山岸外史『人間太宰治』角川文庫、一九六四年
山内祥史『太宰治の年譜』大修館書店、二〇一二年
『風紋25年』「風紋二十五年」の本をつくる会、一九八六年
『風紋30年アルバム』「風紋三十年」のアルバムをつくる会、一九九一年

『太宰治全集』第八巻月報８、筑摩書房、一九九〇年
「週刊サンデー毎日」一九八〇年六月二十九日号、毎日新聞出版
「すばる」七月号、集英社、一九九八年
「別冊文藝春秋」一九一号、文藝春秋、一九九〇年
「ポリタリア」復刊第一巻二号、白川書院、一九七六年

なんだ・ていいち

東京都出身。大学卒業後、フリーターののち編集プロダクション、出版社を経て2007年にパブリック・ブレインを創立。2009年法人化、総合出版サービスに従事する。パブリック・ブレインでは太宰治の書籍刊行、読書系・アート系フリーペーパー「DayArt」を発行。個人として、小説や詩を中心に創作・執筆活動を行っている。

文壇バー風紋青春記

何歳からでも読める太宰治

2023年 1 月25日初版印刷
2023年 2 月10日初版発行

著者　南田偵一
発行者　飯島徹
発行所　未知谷
東京都千代田区神田猿楽町 2 丁目 5-9　〒 101-0064
Tel. 03-5281-3751 / Fax. 03-5281-3752
［振替］　00130-4-653627

組版　柏木薫
印刷所　モリモト印刷
製本所　牧製本

Publisher Michitani Co. Ltd., Tokyo
Printed in Japan
ISBN 978-4-89642-683-0　C0095